MUJERES DE LA CONQUISTA

FOTO DE TAPA: Santa Margarita recreada por Francisco de Zurbarán con la vestimenta de una española del siglo XVII.

LUCIA GALVEZ

MUJERES DE LA CONQUISTA

PLANETA
Mujeres Argentinas

Colección: Mujeres Argentinas

Director: Félix Luna

Investigación y edición fotográfica:
Marisel Flores
Graciela García Romero
Felicitas Luna
Reproducciones: Filiberto Mugnani

Diseño de cubierta: Mario Blanco
Diseño de interiores: Fabiana Riancho

Tercera edición: abril de 1992
© 1990, Lucía Gálvez

Derechos exclusivos de edición en castellano
reservados para todo el mundo:
© 1990, Editorial Planeta Argentina S.A.I.C.
Viamonte 1451, Buenos Aires
© 1990, Grupo Editorial Planeta
ISBN 950-742-026-6
Hecho el depósito que prevé la ley 11.723
Impreso en la Argentina

Ninguna parte de esta publicación, incluido el diseño de cubierta, puede ser reproducida, almacenada o transmitida en manera alguna ni por ningún medio, ya sea eléctrico, químico, mecánico, óptico, de grabación o de fotocopia, sin permiso previo del editor.

Índice

Prefacio	9
Ubicación en el tiempo: sociedad y mentalidad	11
Los primeros hogares criollos y mestizos	19
Las recién llegadas	33
María Mexía	45
Teresa de Ascencio	57
Isabel de Guevara	63
María de Torres y Meneses	73
Catalina de Placencia	83
Mencia Calderón de Sanabria	95
Juana Ortiz de Zárate	113
Isabel de Salazar	125
Jerónima Contreras	147
Bernardina Mexía Miraval	167
Leonor de Tejeda	181
Bibliografía	207

*MATERIAL FOTOGRAFICO: Agradecemos
especialmente el asesoramiento gráfico de
Carmen Piaggio y la colaboración brindada
por María Sáenz Quesada, Francisco
Bustos, Juan Isidro Quesada, Biblioteca
Nacional, Biblioteca del Museo Nacional
de Bellas Artes, Academia Nacional de la
Historia, Archivo General de la Nación,
Instituto* Dr. Emilio Ravignani, *Archivo*
Todo es Historia *y Museo Mitre.*

---

*ADVERTENCIA: Todas las citas encomilladas en bastardilla
han sido tomadas de documentos de los siglos XVI a XVIII y
escritas según la actual ortografía.*

Prefacio

Los textos escolares nos hablaban de "corrientes de poblamiento": la del este, la del norte, la del oeste... mencionaban algunos nombres de conquistadores, algunas fechas de fundaciones. En capítulo aparte se nombraba a las distintas tribus de indios que poblaban la tierra antes de la llegada de los españoles, se refería algo de sus usos y costumbres y luego, zampándose bonitamente doscientos años de vida, se pasaba al Virreinato, época en que por las calles barrosas de un Buenos Aires de casas bajas se paseaban la negra mazamorrera, la dama de la mantilla y su caballero, el aguatero, el vendedor de velas y el negrito con el farol. Se trataba luego la inquietud urbanística de algún virrey, para recalar, entonces sí, con mayor detenimiento, en las invasiones inglesas, preludio de la Revolución de Mayo.

Miles de preguntas quedaban flotando en las mentes de chicos, adolescentes y aun adultos a quienes sus ocupaciones impedían informarse con más profundidad: ¿Qué pasó con todos esos hombres que la iconografía clásica nos muestra encorazados, espada al aire ante una bandera que flamea al viento, al día siguiente de la fundación de esa ciudad que la lámina recuerda?, ¿cómo reaccionaron diaguitas, juríes, comechingones, huarpes, guaraníes, etcétera, ante aquellos que invadían sus tierras?, ¿cómo empezó a funcionar una ciudad en medio de la nada?, ¿dónde estaban las mujeres, los niños y los jóvenes que no aparecían en láminas ni textos?, ¿cómo se formaron las primeras familias?

Es esta serie de interrogantes la que deseo contestar en este trabajo y al mismo tiempo hacer justicia a las "hacedoras de pueblos", tanto españolas como indias y mestizas, que hicieron habitable la tierra y a quienes una historiografía demasiado interesada en lo puramente político o a lo sumo económico restó importancia, cuando no ignoró, sin darse cuenta de que de ese modo estaba negando nada menos que la mitad de aquella sociedad (y quizás la "mitad" que más influyó en su formación...).

Ubicación en el tiempo. Sociedad y mentalidad

La conquista y poblamiento de nuestro territorio se realiza en el tránsito del siglo XVI al XVII, años difíciles signados en Occidente por las guerras de religión y el espíritu barroco. En lo político, España está perdiendo terreno. No se realizará ya el sueño imperial de Carlos V en Europa pero en cambio se tratará de mantener incólume al mundo hispánico, preservándolo de las herejías que pudieran venir de atrás de los Pirineos. España se aísla más aún para *"mantener la pureza de su fe y costumbres"*. Esto contribuye a que se afirme en su misión de propagar *"la verdadera fe"* en el nuevo mundo que acaba de descubrir. La evangelización será, además, la justificación de esa controvertida conquista que hasta los teólogos españoles comenzaban a cuestionar. Por otra parte, evangelizar al pueblo conquistado y sobre todo unirse a él sexualmente por medio del matrimonio y el concubinato fue el mejor modo de proclamar su igualdad ante los ojos de Dios aunque luego en la práctica esa igualdad no se diera.

Octavio Paz destaca, en su trabajo sobre Sor Juana Inés de la Cruz, que las grandes diferencias existentes entre la colonización latina y la sajona "nacen de opuestas actitudes ante la religión tradicional de occidente: el cristianismo. (...) en tanto que los ingleses fundaron sus comunidades [en América] para escapar de una ortodoxia, los españoles las establecían para extenderla. En un caso, el principio fundador fue la libertad religiosa; en el otro la conversión de los nativos a una ortodoxia y una Iglesia. La idea de evangelización no aparece entre los colonos ingleses y holandeses; la de libertad religiosa no figura entre las que moverían a los conquistadores españoles y portugueses".

En efecto, la idea de la salvación del prójimo no entra en la ética puritana o calvinista porque no es la acción humana sino la gracia divina lo que puede salvarlo y porque se lo considera ya predestinado. En consecuencia, si los indígenas están condenados de antemano, no sólo no hay que evangelizarlos sino que se los puede someter y, si es necesario, exterminar. Los españoles, en cambio, tendrán una actitud totalmente diferente hacia el infiel: será considerado vasallo del rey pero con la categoría jurídica de un menor, dependiente de un encomendero o, en las reducciones, de un misionero. Quedará así expuesto a un paternalismo cuyo mayor riesgo será la explotación, pero se le facilitará el acceso a la religión de los vencedores y no se pondrán reparos a la mezcla de sangres, dando lugar así a una nueva raza. "Frente a la colonización clásica o moderna, que aísla las culturas y los pueblos conquistados en una 'reserva', la colonización católica empieza por considerarlos sus iguales ante Dios", afirma Rupert De Ventós en *El laberinto de la hispanidad*.

Dijimos que nuestro territorio se conquistó en los contradictorios años del Barroco y para comprender mejor a quienes fundaron y poblaron sus primitivas ciudades es bueno que recordemos algunas características de la mentalidad de esos hombres barrocos que a la vez vivían en América una realidad a caballo entre el Renacimiento y la Edad Media. Medievales eran las circunstancias en que estaban inmersos: extensiones desconocidas y semidesérticas, distancias desmesuradas, dificultades en las comunicaciones con el poder central, amenazas constantes de ataques, "vasallos" indígenas a quienes proteger y a la vez servirse de su trabajo como verdaderos señores feudales, precariedad de medios, carencia de lo elemental. Instituciones medievales como el adelantazgo y la encomienda confundían su campo de acción con otras instituciones modernas propias de un poder central fuerte y con aspiraciones de serlo cada día más. A esto debe añadirse la vigencia de los valores señoriales y de los ideales caballerescos en la España de esos siglos.

A pesar de que en el mundo renacentista los factores dominantes en el Estado y la sociedad eran el poder mercantil de la burguesía y el poder financiero de los príncipes, en España persistían aún, mucho más que en el resto de Europa, los ideales de la caballería. Apenas cincuenta años habían pasado desde las guerras de la reconquista cuando comenzó la exploración de nuestro territorio. Aún se mantenía el prestigio de los guerreros, principal razón de ser de la nobleza. De allí que muchos conquistadores de Indias se sintieran émulos de los caballeros medievales y llevaran en su equipaje libros de caballería. De allí también el valor temerario de que tanto hicieron gala, las hazañas portentosas y la atracción por lo desconocido.

Otra atracción inconfesada que ejercía sobre ellos el Nuevo Mundo eran las posibilidades de una mayor libertad sexual. Los cuentos sobre las indias desnudas y complacientes habían exaltado muchas imaginaciones. A esto se añadió el deseo de enriquecerse rápidamente y la posibilidad de ascender en la escala social, pues los *"méritos y servicios"* derivados de la conquista y poblamiento fueron decisivos para lograr el acceso a la nueva "nobleza americana" que se estaba forjando. *"En las Indias, vale más la sangre vertida que la heredada"*, era un dicho de la época.

Muchas veces, sin embargo, las riquezas eran esquivas. Así sucedió en estas tierras *"sin oro ni plata"*, dónde la realidad obligó a muchos auténticos hidalgos y a otros que pretendían serlo a recurrir al comercio y a otras labores múltiples para poder vivir *"conforme a su condición"*.

No por esto dejaban de aspirar a un modo de vida casi inalcanzable en sus circunstancias. Una de las características más notables de esta sociedad fue el culto por las formas, aun cuando fueran sólo un ropaje para encubrir la realidad. Y la triste realidad era, como dijimos, que no había aquí oro ni plata ni grandes civilizaciones prehispánicas; nada que pudiera ni remotamente compararse con Cuzco o Tenochtitlán ni con la menor de las ciudades de los imperios inca, maya o azteca. Eramos un arrabal del Virreinato del Perú, un extremo sur poblado por los grupos humanos más primitivos de América. Desde el punto de vista occidental aquí no había nada hecho. Estaba todo por hacer.

Cuando recordamos el para nosotros absurdo legalismo español, sus rimbombantes fórmulas y títulos resonando en esos pobres cabildos de barro, en esas "ciudades" por cuyas calles de tierra merodeaban chanchos y gallinas y a tres o cuatro cuadras de la plaza comenzaba el campo, comprendemos que quisieran transformar su modesto escenario con la magia de las fórmulas y las palabras altisonantes. Se vivía de irrealidades y sueños de grandeza, representando una comedia en la que se aparentaba ser mucho más de lo que se era. No en vano para la mentalidad barroca la vida era un sueño y el mundo un gran teatro.

La misma función que cumplían los tapices de Flandes sobre las paredes blanqueadas con cal, la vajilla de plata y los manteles de Holanda sobre las rústicas mesas de algarrobo y las faldas de raso y brocado arrastradas por el polvo de las primitivas calles la cumplían en sus vidas las palabras traducidas en fórmulas jurídicas y en títulos, las ceremonias religiosas y cívicas y el predominio de unos sobre otros. Cada acción que realizaban, al ser eternizada en el papel, adquiría mayor importancia, sobre todo si iba acompañada por signos y ritos de antiguo significado: caminar y cortar ramas al tomar la posesión de un solar o chacra o en la fundación de una ciudad; realizar las distintas ceremonias del pleito-homenaje al hacerse cargo de una encomienda, etcétera. Por eso los "notarios" —es decir, los escribanos— no faltaron en ninguna circunstancia.

Tampoco faltaron las mujeres —aunque no siempre los documentos mencionan su presencia— pues, si evangelizar y poblar eran los imperativos del momento, para poblar era imprescindible la presencia de la mujer, sobre todo de la mujer española, que sería la principal encargada de transmitir a las nuevas generaciones los valores que se querían preservar.

Gracias a la exuberante documentación que nos legaron los notarios podemos saber con bastante exactitud cuáles eran esos valores. En las llamadas *"Probanzas de méritos y servicios"*, por ejemplo, los primeros pobladores exigían al rey las recompensas debidas por haberlo servido en estas tierras, aportando varios testigos de sus hazañas. Entre éstas estaban las que podríamos llamar tradicionales o medievales, como la valentía, la fidelidad al rey, la generosidad con pares e inferiores, los orígenes hidalgos, la "calidad de vida" y los méritos familiares, la piedad, los cargos, y la buena administración de justicia. Aparecían también otros valores propios de la conquista, como el descubrimiento y exploración de nuevas tierras, la colaboración económica en las expediciones y las privaciones y sufrimientos producidos en dichas empresas (heridas, hambre y sed, falta de auxilio espiritual y de vestimenta, etcétera). Por último, demostraba una mentalidad más pragmática el hecho de reconocer como meritoria la ayuda administrativa a funcionarios de la Corona, la colaboración con el comercio por el descubrimiento y apertura de nuevos caminos y el estar casado y con muchos hijos. A su vez, las mujeres consideraban también valores importantes, como para informar de ellos a su majestad, los actos de heroicidad cotidianos, como educar los hijos propios y ajenos (criollos y mestizos), trabajar a la par de los hombres y levantarles el ánimo en los momentos difíciles y, sobre todo, transportar en lo doméstico todo el caudal cultural traído de España para hacer más cálida y hogareña la nueva tierra: desde el modo de cocinar y tener una casa hasta recitar romances y cantar con la vihuela, desde coser las complicadas vestimentas hasta mantener las costumbres piadosas.

Fue una sociedad con estos valores y esta mentalidad la que hizo irrupción en una América que no estaba vacía sino poblada por habitantes pertenecientes a muy diversos estratos culturales y que reaccionarían de distintos modos ante el invasor.

La fusión del grupo mayoritario indígena con el grupo minoritario pero dominador de los conquistadores dio lugar a un creciente mestizaje que surgió como tercer grupo étnico. Este panorama se completó con la presencia de los negros africanos que fueron ingresando como esclavos, en forma legal o clandestina, por el Río de la Plata.

Así se fue formando, durante los siglos XVI y XVII la sociedad hispano-criolla, con el aporte diverso de pobladores españoles pertenecientes a distintos estamentos sociales, transplantados de golpe a una situación precaria y medieval, y pobladores indígenas que tuvieron que renunciar a sus formas de vida y a su libertad, saltando varias etapas en su evolución, para adaptarse a la cultura y la religión de los vencedores. La empresa de lograr la convivencia fue ardua para todos. También para los criollos, nacidos en esta tierra pero con un modelo de referencia inalcanzable del otro lado del Atlántico; apegados a la desmesurada geografía americana, a la libertad y a los nuevos modos de vida pero añorando siempre esa desconocida y todopoderosa metrópoli de donde venían los favores y las mercancías más cotizadas. En esas circunstancias, el esfuerzo y perseverancia de la mujer pobladora hizo posible que las ciudades se levantaran y la vida se perpetuara. Ellas hicieron que la tierra fuera más habitable y la vida diaria más atractiva. Fue su tarea específica suavizar las costumbres de esa ruda sociedad de frontera imprimiéndole el sello de la cultura occidental en su versión española. En torno a ellas y a los valores que ellas supieron inculcar se formó la familia hispanoamericana, núcleo de la sociedad. Gracias a su espíritu de sacrificio, gracias a su sentido religioso de la vida que buscó dar trascendencia al acto cotidiano, gracias a su constancia ante la adversidad, fue posible la existencia del hogar americano donde se fraguó la transculturación que dio origen a la sociedad hispano-criolla.

Los primeros hogares criollos y mestizos

Tanto los asentamientos poblacionales como los familiares tuvieron en el Río de la Plata, en Cuyo y en el Tucumán características propias y peculiares.

La gente que fundó Asunción —de donde partieron las expediciones fundadoras de Santa Fe y Buenos Aires— provenía de la tristemente célebre expedición de don Pedro de Mendoza, en la cual viajaban varias mujeres españolas y algunas familias constituidas o que se constituyeron en las nuevas tierras. La población blanca masculina era mucho mayor, pero el problema tuvo fácil arreglo gracias a la complacencia de los indios del Paraguay, que, acostumbrados a la poligamia, daban como la cosa más natural sus hijas y hermanas a los españoles —a quienes llamaban sus "cuñados"—, y éstos las tenían como concubinas o servidoras. Esta situación dio lugar a grandes abusos en el llamado *"Paraíso de Mahoma"*, reiteradamente denunciados por clérigos y funcionarios hasta el punto de que la Corona decidió mandar una expedición de mujeres españolas para remediarla. A la vez provocó también un intenso mestizaje que daría sus frutos en la generación siguiente, cuando los llamados *"mancebos de la tierra"* bajaran con Garay para fundar Santa Fe y Buenos Aires.

En las primeras fundaciones del Tucumán y Cuyo, en cambio, no había españolas ni criollas. Los primeros hogares, algunos por cierto bastante estables, fueron mestizos de español e india, ya fuera ésta autóctona de la región o viniera acompañando a su "marido" desde el Perú, Chile o Charcas.

De todo esto se desprende que no podemos, en justicia, hablar de españolas cuando nos referimos a las primeras mujeres de la conquista y poblamiento, tanto de nuestro territorio como del resto de América. Antes de que ninguna española llegara al Nuevo Mundo (y lo hicieron desde el segundo viaje de Colón), muchos recién llegados se habían unido con aborígenes y comenzaban a gestarse en las nuevas tierras los primeros mestizos antillanos. Los conquistadores no perdían el tiempo: como dijimos antes, venían a cubrirse de honores y riquezas, a evangelizar y hacer trabajar a los indios... y a procrear. La situación no cambió demasiado con la llegada de los primeros contingentes femeninos, ya que los hombres seguían siendo mucho más numerosos y se seguía viviendo en una auténtica región de frontera, con todos los riesgos y licencias que esto implicaba. Se concluye que durante todo el siglo XVI la inmensa mayoría de españoles vivía con indígenas; si eran casados convivían con ellas hasta la llegada de sus esposas; si eran solteros, hasta que se casaban con peninsulares, pocas veces con indígenas a pesar de que desde el principio se favorecieron los matrimonios mixtos. Por una cuestión de status el español, sobre todo si era hidalgo o tenía pretensiones de serlo, prefirió no legalizar su situación de concubinato —a veces bastante estable— sino casarse con las peninsulares que iban llegando. Mientras tanto, para tranquilizar sus conciencias, se conformaban con bautizar y catequizar a sus queridas, convertidas en una suerte de "amas de casa" mientras durase el concubinato. La Iglesia vio con tolerancia esta situación en los primeros tiempos, aceptando quizás tácitamente lo que decía el infatigable Francisco de Aguirre, conquistador de Chile y Tucumán: *"(...) se hace más servicio a Dios en crear mestizos que el pecado que por ella se comete".*

¿Cómo reaccionaba la mujer indígena frente a los grandes cambios que implicaba la convivencia —como esposa, concubina o simplemente servidora— con hombres tan distintos a los suyos y frente a las consecuencias que dicha convivencia acarreaba? En su maravillosa *Crónica florida del mestizaje de las Indias*, Alberto Salas lo ve así:

> "La mujer indígena, recibida, buscada u obligada al amor español, mejoró con él su situación social, superando la que tenía en su grupo avasallado. Con los primeros hijos mestizos, con la prole nacida en la nueva tierra, las relaciones entre el señor blanco y sus mujeres aborígenes y exóticas debieron variar sensiblemente, asegurando en cierto modo el nuevo estado social de las mismas y superándolo. El hecho mismo de vivir con el conquistador de manera permanente o transitoria no significó una sanción vergonzante ni un repudio de su propio grupo. Pronto supo la india que los hijos habidos en el español mejoraban ostensiblemente la condición del indígena, estado que sobrellevaba todas las cargas. Sus hijos de piel más blanca eran siempre una aproximación al mundo del dominador, una lenta penetración en las casas señoriales y en los blasones (...). De esta manera las mujeres indígenas fueron el vehículo más atractivo y eficaz en la colosal experiencia de transculturación que significó la conquista de América..."

Hubo tribus y naciones, como por ejemplo los guaraníes, que voluntariamente quisieron mezclar la sangre de sus mujeres con las del conquistador temido y admirado, en su afán de hacer una alianza firme y duradera con aquellos seres al parecer invencibles a través de los hijos mestizos. Esta admiración por el vencedor fue otra de las circunstancias que facilitaron la rápida expansión española en América, como lo confiesa el Inca Garcilaso: *"(...) en aquellos principios, viendo los indios alguna india parida de español, toda la parentela se juntaba a servir al español como a su ídolo porque había emparentado con ellos. Y así fueron estos tales de mucho socorro en la conquista de Indias".*

Así, pues, en un principio fueron las indias y fueron mestizos los primeros hogares de la América hispana. Pero no debemos cometer el error tantas veces reiterado de englobar a todas las aborígenes americanas en el mismo término de "indias", ya que hay entre los diversos pueblos y culturas diferencias abismales de comportamiento, nivel de vida, conocimientos y costumbres.

Hablaremos, entonces, de la mujer india, española y mestiza que pobló las regiones de nuestro territorio: el Tucumán, el Río de la Plata y Cuyo... quizás las más despreciadas tierras de América por no tener oro ni plata. Tampoco había aquí grandes culturas: a lo sumo el Tucumán y Cuyo podían jactarse de ciertas influencias incaicas. El Litoral ni siquiera eso: era una región para el futuro...

Tanto el Tucumán como el Río de la Plata, comprendido también el Paraguay, dependían política, jurídica y económicamente del Virreinato del Perú, así como Cuyo de la Capitanía General de Chile. Otros lazos más importantes nos unirían además a estos centros de civilización: la cantidad de mestizos engendrados en indias peruanas, chilenas y paraguayas que pasaron a estas regiones o nacieron en ellas, dando lugar, con el tiempo, a las familias más antiguas y tradicionales de nuestro país. Pocos lo han tenido en cuenta, como tampoco tuvieron en cuenta a las primeras mujeres pobladoras, indias o españolas, quienes con su esfuerzo y su perseverancia hicieron posible que las ciudades se levantaran y la vida se perpetuara. Las imágenes que nos muestran las primeras crónicas no corresponden a la realidad, porque ni siquiera mencionan de un modo explícito estos dos elementos que fueron constantes en toda hueste pobladora: las concubinas indias y los pequeños mestizos. Surgen estos últimos en las primitivas ciudades como hongos después de la lluvia sin que nadie explique su origen, pero por su edad deducimos que muchos de ellos debieron haber nacido bastante antes de realizada la expedición pobladora.

Tratemos, por ejemplo, de representarnos la primitiva Santiago del Estero, llamada "madre de ciudades" por ser la primera fundación que perduró en nuestro país y la que proporcionó hombres, armas y bastimentos a casi todas las demás ciudades de la gobernación del Tucumán. Estamos en 1554 y Francisco de Aguirre acaba de dejarla para volver a Chile. Hace ya cuatro años que los veteranos soldados de Núñez del Prado vagan por las extensísimas tierras de la gobernación levantando poblados que, por un motivo u otro, serán trasladados: la primera ciudad de El Barco, en Ibatín, donde luego se levantará la efímera Cañete, destruida por los indios, y más adelante la primera San Miguel; El Barco II, en pleno valle calchaquí, en la actual San Carlos, cerca de Salta, y El Barco III, a la que Francisco de Aguirre trasladaría a la otra banda del río cambiando su nombre por el más sugestivo de Santiago del Estero. La ciudad, pobre aldea de unas cuantas casuchas cercadas de tapia para evitar los ataques de los lules, pasa entonces momentos muy difíciles, sola en la inmensa extensión de nuestro territorio, rodeada de tribus hostiles y casi incomunicada con los lugares de donde le podían llegar atisbos de civilización. Las crónicas dicen que casi no tenían caballos, gente ni armas y ni siquiera había entre ellos un sacerdote para cristianizar a sus hijos y realizar las ceremonias litúrgicas que consolaban sus espíritus. Para sobrevivir comían el poco maíz y algarrobo que los indios amigos les proporcionaban y *"se vestían de cueros, sacando una cabuya a manera de esparto de unos cardones y espinas, a puro trabajo de manos del cual, hilándolo, hacían unas camisas que podían servir de cilicio"*. Pero, ¿hacían esa tarea ellos solos?, ¿no estaban a su lado las solícitas compañeras indias tratando de hacerles la vida más llevadera?, y si no ¿de dónde salieron los mestizos reconocidos por ellos como sus hijos y que llevaron sus apellidos?

En la nómina de los hombres que acuden desde Santiago en 1567 convocados por Diego Pacheco para poblar la ciudad de Talavera de Esteco figuran once "mancebos de la tierra". ¿Serían sus madres aquellas indias juríes que habitaban la región y que se presentaron ante los conquistadores *"vestidas sólo con unas pampanillas"* o eran quizás indias más evolucionadas, chilenas o peruanas, que sabían hilar y tejer? Lo mismo podríamos preguntarnos de las madres de todos los hijos naturales (sinónimo de mestizos) de los fundadores de la ciudad de Córdoba.

Los protocolos notariales nos dan algunos datos de estas madres desconocidas, primeras "amas de casa" de las ciudades hispanoamericanas. Sabemos por ejemplo que Bartolomé Jaimes, conquistador de Chile y Tucumán (viudo de una mestiza con quien tuvo una hija), vivió por esos años en Santiago del Estero con un pequeño harén formado por Catalina y Ana, indias araucanas y respectivas madres de Bartolomé y Gabriel González Jaimes; por Isabel, india natural del llamado valle de Vallevicioso en Catamarca —es decir, diaguita— y madre de Inés González Jaimes, y por una cuarta, quizás jurí o comechingona, madre de su hijo Gaspar. La poligamia era algo natural a todas las tribus de América y probablemente los problemas no deben haber venido de la cantidad de mujeres sino de las diferencias culturales entre unas y otras. Nos preguntamos por el destino de estas cuatro concubinas indias desde el momento en que este buen señor volvió a casarse en Córdoba con otra mestiza, Luisa Martín, hija natural de Alonso Martín del Arroyo y de no sabemos qué india. Probablemente algunas pasarían de dueñas de casa a servidoras, de distintas categorías según su cultura, e irían a vivir al patio del fondo criando a sus propios hijos y ayudando a criar a los otros cinco hijos legítimos que tuvo después este prolífico señor.

A otras, como Isabel, natural de Vallevicioso, la encontramos en los protocolos casada con Pedro "Anacona" o Bibanquililián, indio natural de Chile. Era madre, como dijimos, de doña Inés González Jaimes, mestiza casada con Diego Funes, hidalgo nacido en Ciudad Real, encomendero de Mojigasta, tronco de la vieja familia cordobesa de los Funes y por ende remota abuela indígena del Deán.

Otros vecinos habían traído también sus indias del Perú, como Miguel de Ardiles, el viejo, que ya había estado en la primera "entrada" al Tucumán realizada por Diego de Rojas en 1542, y que en la segunda habría venido acompañado por su hijo Miguel, nacido en 1547, y por su madre indígena. Para los años de que estamos hablando tendría siete años; no es difícil imaginar a su padre enseñándole a cabalgar, a hablar castellano y a rezar, orgulloso de ver cómo crecía fuerte y vigoroso en la tierra que ya sentía suya. Unas casas más allá vivía el capitán Santos Blázquez, soñando quizás grandes destinos para su hijo Juan Nieto. Entonces él no podía saber que llegaría a ser, durante muchos años, escribano del Cabildo de la Córdoba aún no fundada. Nicolás Carrizo, en sus momentos libres, trataría de enseñar a la madre de su hijito homónimo algún arrorró de su tierra, y el capitán Blas de Rosales, quien nunca se casó, lidiaría con sus nueve hijos naturales y sus no sabemos cuántas madres...

Como dijimos, los matrimonios entre españoles e indias fueron excepcionales: casi únicamente las princesas incas o "coyas" llegaron a casarse con conquistadores. Hay, sin embargo, algunos que se pueden constatar en los Protocolos Notariales. Uno de ellos es el de Lucía, india del Perú casada con Pedro Chaves, nacido en Portugal, alcalde de cárcel en 1610 y teniente de alguacil en 1620; otro, el de Francisca, hija del cacique Pedro, del pueblo de Quisquisacate, casada con el sargento Antonio Ruiz Sampayo, español vecino de Mendoza.

Y es justamente en Cuyo donde encontramos la historia más romántica: el casamiento de la hija del cacique de Angaco con el hidalgo español Juan de Mallea, cuando se fundó la ciudad de San Juan en 1562. Fue la primera mujer huarpe que se uniera en casamiento con un español aportando en su dote el señorío de Angaco y muchos reales en pepitas de oro de los arenales.

La experiencia debe haber resultado buena incluso para los indios, porque años después, en el valle de Conlara, donde se iba a fundar San Luis, se presentó Kislay, uno de los caciques, dispuesto a reconocer la soberanía del rey de España si alguno de los invasores se casaba con una de sus hijas, la que, bautizada, se llamó Juana. Se casó con ella un oficial llamado Gómez Isleño, a quien se le concedió la merced de las tierras desde el Río Quinto, en el límite con Córdoba. Pero éstas fueron excepciones. En general los españoles no abandonaban a sus ex concubinas sino que buscaban casarlas con sus criados o inferiores o con indígenas, recompensándolas de acuerdo a sus medios o a su generosidad. No dejaba de ser injusto y doloroso, sobre todo para los hijos mestizos, quienes, como escribió el Inca Garcilaso, que lo sufriera en carne propia: *"(...) desde los espiteles en que viven ven gozar a los hijos ajenos lo que sus padres ganaron y sus madres y parientes ayudaron a ganar (...)"*.

Sigamos imaginando cómo serían esos hogares antes de la llegada de las españolas y criollas. Lo primero que haría el "marido" sería vestir a la (o las) que eligió por compañera y madre de sus hijos o le dieron como prenda de paz. Luego trataría de enseñarle algo de su propio idioma o de aprender el suyo si aún no lo dominaba. Sólo entonces podría empezar a hablarle de su Dios, para inducirla al bautismo, y de los más elementales usos y comportamientos de su tierra. Ellas, a su vez, criarían a sus hijos, cuidarían la casa y prepararían la comida, cada una a su usanza, intercambiando quizás costumbres y tradiciones, solidarizándose o no entre ellas, experimentando día a día con curiosidad las novedosas formas de vida que les presentaba el intruso.

Las muy pulcras peruanas, vestidas con sus *licllas* y *acllos* sujetos con el *topo* o alfiler de plata, y las araucanas de parecida indumentaria enseñarían quizás a las primitivas juríes, que apenas se cubrían, a hilar la lana —o los cardos a falta de algodón—, teñirla y tejerla en los rústicos telares que allí podían fabricarse. Las diaguitas y calchaquíes podrían también aportar sus conocimientos en tejidos y alfarería. Todas sabían cocinar el maíz de diversas formas: con agregado de pimientos, zapallo y ajíes más o menos picantes. Allí intervendría seguramente el hombre de la casa para agregar algún trozo de cerdo o algunas alubias que dieran al guisote un resabio más hispánico, ¡y ya estaríamos en presencia de un primitivo locro!

Así, en medio de penurias y guazabaras, junto a la cuna hecha por el padre y las mantas tejidas por la madre, comenzó la vida de los primeros mestizos de nuestro territorio. Con la llegada de las españolas y criollas de otros lugares de América la educación "occidental" se fue acentuando y las costumbres indígenas pasaron a un segundo plano: muchas quedaron incorporadas de un modo natural, del mismo modo que se incorporaron al lenguaje nuevas palabras de la tierra.

En el Río de la Plata, como ya adelantamos, la situación resultó un poco diferente, pues el mestizaje se había realizado en Asunción mucho antes de las fundaciones de Santa Fe y Buenos Aires y, en cambio, fueron casi inexistentes las uniones con los nómades pampas o querandíes. Prueba de esto es que la fundación de Santa Fe se hizo con sólo nueve españoles. Los setenta y cinco restantes eran *"mancebos de la tierra"*, como indiscriminadamente se llamó a los criollos o mestizos nacidos en Asunción, educados todos ellos a la española pero con rasgos muy peculiares que anunciaban al futuro gaucho rioplatense. Pero ésta es otra historia.

A pesar de que la composición social de las huestes conquistadoras era variada, la precariedad de la vida en esas míseras aldeas llevó a los primitivos grupos a vivir en un pie de igualdad. Las cartas de los Cabildos al Consejo de Indias o a Su Majestad cuentan las penurias de los primeros años, en los que todo estaba por hacerse. Al mismo tiempo debían estar en constante alerta ante posibles ataques indígenas.

En este contexto, aunque trataran de salvarse las apariencias tan valoradas, el hecho de compartir las mismas penurias y duras circunstancias actuó como nivelador de las desigualdades. Fue además una oportunidad para que se destacaran los más valientes y los más ingeniosos; quizá también los que mejor trato tuvieron con los indios, para conseguir que los alimentaran con sus provisiones, los informaran de lo que sucedía en la región y trabajaran para ellos. En este primer contacto, volvemos a repetirlo, fue decisiva la contribución de las mujeres indígenas. La vida comunitaria se desarrollaba en relación permanente con la tierra y el enclave del hogar. Existía en estas comunidades, a pesar de las discordias y envidias propias del ser humano, cierto espíritu fraterno, cierta disponibilidad para dar y recibir alimentada por los múltiples lazos de amistad y parentesco que unían a los habitantes. Esto explica que los primeros hijos mestizos y naturales hayan recibido el mismo trato y consideraciones que los legítimos y criollos que vinieron después, a juzgar por los matrimonios que formaron, las encomiendas y tierras que poseyeron y los cargos que ocuparon.

No queremos dar con esto una visión idílica de los primeros poblados sino sólo tener en cuenta aspectos que también se dieron en esa sociedad de frontera signada por las crueles características de las zonas de conquista y guerra.

Sí, es cierto que hubo sangre y lágrimas en la conquista de nuestro territorio, pero también hubo cielos azules, sol serrano, olor de yuyos, risas de los mestizos, parloteo de las indias, agua de los arroyos... Por algo esos hombres rudos y aventureros se quedaron en estas tierras *"sin oro ni plata"*. En la probanza de méritos de la ciudad de Santiago, los declarantes afirman que no levantaron la ciudad, a pesar de la extrema pobreza y los múltiples contratiempos, por no desamparar a los juríes, a quienes los feroces lules —comedores de carne humana—, atacaban todos los años para robarles mujeres y cosechas. Y era cierto... ¡Lo que no aclararon es que entre esos indios estaban sus mujeres y sus hijos!

A medida que las ciudades se van poblando con la gente de nuevas expediciones, con acompañantes de funcionarios y eclesiásticos, con comerciantes prósperos o modestos, etcétera, las relaciones comunitarias van complicándose, y el trato dado a los indígenas deja de ser familiar para acentuar su carácter paternalista o explotador, según las circunstancias y las personas.

La situación de tolerancia y simpatía hacia el mestizo cambia completamente en las generaciones siguientes. Es posible que el rencor de la mujer criolla por el hijo mestizo extramatrimonial fuera el factor más importante para este brusco cambio. Los primeros mestizos, aun siendo hijos naturales, provenían de las primeras uniones de españoles con indias (algunas, como hemos visto, bastante estables), cuando casi no habían llegado mujeres españolas o criollas al Tucumán y había muy pocas en el Litoral. Al ir llegando éstas en las comitivas de gobernadores y otros funcionarios, el concubinato con indias perdió su caracter de mal necesario y mirado con tolerancia para convertirse en algo fuera de la ley, divina y humana.

La primera generación de esposas españolas no sólo toleró sino que aceptó y acogió en sus hogares a los hijos mestizos de sus maridos, ayudando a su educación "a la occidental"; las generaciones siguientes los verían como fruto del pecado y como posibles rivales de sus hijos. Influyó en esa actitud de repudio el empeño del clero por moralizar las costumbres rechazando las uniones extramatrimoniales, constantemente recordadas por la presencia de los hijos mestizos. El desprecio de que fueron objeto desde entonces fue también una de las causas de que se les atribuyera los defectos de "solapados y traicioneros".

La benévola tolerancia con que se había mirado a los mestizos fue trocándose poco a poco en desconfianza, a tal punto que la propia nieta de una india incluyó en el reglamento de la orden religiosa por ella fundada la prohibición de que entraran mestizas, como veremos más adelante. Las indias puras, en cambio, eran aceptadas.

Parecería también que los mestizos varones, alejados de los cargos públicos y dificultados de casarse con criollas, lo pasaron peor que las mestizas, muchas de las cuales, seguramente por su belleza o su dote, lograron casarse con criollos, incorporándose así a su estamento. Hubo indios y mestizos que ascendieron del tercero al segundo estamento gracias a su profesión de artesanos, al hecho de ser propietarios o al matrimonio ventajoso de ellos o de sus hijos. En general, los indios y mestizos que vivían en las ciudades eran muy diferentes de la masa indígena. La convivencia diaria con los españoles los llevaba rápidamente a una imitación de sus prácticas y costumbres. Si bien es cierto que no se les permitía vestir a la española, participaban en las fiestas y ceremonias religiosas, podían testar y ser propietarios y, en la hora de la muerte, vestir como mortaja el hábito de San Francisco al igual que los blancos.

Ya entrado el siglo XVII, la opinión que merecen los mestizos al jurista Solórzano Pereyra es bastante mala, y muy dura la actitud que incita a emplear con ellos. El motivo alegado es que la inmensa mayoría de los mestizos *"nacen de adulterios y punibles ayuntamientos"*, y que este defecto original *"los hace infames"*.

Postula Solórzano que no se les permita acceder a cargos públicos, ya sean protectorías, regimientos o escribanías, y si alguno ha llegado a ellos por no haber *"expresado ese defecto"*, es decir, ser mestizo, que se les quiten los títulos Sugiere también que no se les den órdenes sagradas *"hasta que otra cosa no se mande"*. A pesar de esto es fácilmente detectable la presencia de un clero mestizo en toda la América hispana.

En el caso de los negros, el mestizaje toma otras características. En primer lugar, porque el número de esclavos negros no fue muy elevado en los primeros siglos: en general, los que desembarcaban en el Río de la Plata tenían como destino final el Potosí, y eran relativamente pocos los que quedaban en las ciudades del camino. En segundo lugar, el hecho de que los negros fueran esclavos hacía más despreciable el estigma de ser "mulato", término que pasó a tener sentido de insulto. Esto contribuyó a que la mezcla de razas se diera con mayor frecuencia en los estamentos inferiores, aunque puede detectarse también en los superiores.

A lo largo del siglo XVII, y a la par del aumento de poder adquisitivo de los habitantes de estas tierras, fue creciendo el número de exponentes de la raza negra. Desde el Congo, Angola, Guinea o Mozambique iban llegando al Río de la Plata, hacinados en los barcos negreros en condiciones infrahumanas que fueron denunciadas por los misioneros. Aunque la mayoría pasaba de largo para el Alto Perú, muchos eran adquiridos por familias pudientes del Litoral, Tucumán y Cuyo hasta llegar a constituir, ya en el siglo XVIII, un importante aporte demográfico y social.

La preocupación de los jesuitas por el cuidado y evangelización de indios y negros es una constante en todas las llamadas "cartas anuas". En la de 1637 el padre Zurbano afirma que en todas las ciudades donde está radicada la Compañía *"marchan bien las congregaciones de indios y morenos y las escuelas de primeras letras"*.

Es interesante destacar la viveza y rapidez de algunas esclavas negras catequizadas puesta en evidencia en el modo como rechazaban las pretensiones amorosas no queridas, alegando que eran pecaminosas. Las cartas anuas traen dos interesantes anécdotas al respecto, una de 1615 y otra de 1636. En la de 1615 cuenta el padre Oñate cómo una esclava etíope, *"medio bozal pero ya instruida en la moral cristiana"* al ser requerida por un mal sacerdote le contestó que *"pues era sacerdote viviera como tal (...) y tuviera más vergüenza y temor de Dios"*. La de 1636 cuenta cómo una esclava de Angola cuyo amo, casado, la había comprado para satisfacer sus instintos, una vez que aprendió la doctrina lo increpó duramente por decirse cristiano y no respetar el sacramento del matrimonio hasta que éste, avergonzado, la dejó en paz.

Las recién llegadas

¿Eran felices los conquistadores entre sus concubinas indias? La copiosa correspondencia de la gente común rescatada del olvido por algunos estudiosos como Enrique Ottes en su obra *Cartas privadas de emigrantes a Indias*, muestran que era muy grande la añoranza por la mujer española y por los valores que ésta representaba.

Unos con más expresividad y otros con menos claman por sus mujeres. Poseían a las indias que los cuidaban y a los indios que trabajaban para ellos; tenían más libertad y posibilidades de progresar e incluso de hacerse ricos, pero querían educación cristiana y española para sus hijos mestizos, que corrían el peligro de hablar sólo las lenguas indígenas y adoptar las costumbres de sus madres, tíos y primos. Querían una casa puesta a la usanza de su tierra, con comidas que se la recordaran, las camas tendidas, la mesa bien puesta, flores y oraciones junto a las imágenes religiosas, cantos y bailes de su tierra, vestidos a la moda de entonces, en fin, todo lo que representaba su patrimonio cultural. Y esto no podían lograrlo ellos solos... menos aún, transmitírselo a sus hijos. Añorarían también, seguramente, las conversaciones, bromas y hasta las discusiones con mujeres de su tierra. Las indias, en general, ¡eran demasiado sumisas!

Juan López Sande, por ejemplo, escribe a su mujer Leonor de Haro, que vive en el barrio de Triana, agradeciéndole su carta y *"la alegría y consuelo"* que por ella recibió *"siendo de aquella a quien en esta vida más amo (...) y esto no perecerá hasta la muerte"*. Luego le da las instrucciones necesarias para el embarque, en compañía de otra mujer casada. Lo mismo hace Antonio Blas, al aconsejar a su mujer lo que debe llevar y cómo debe comportarse durante el viaje. Vale la pena oír a este andaluz de mediana posición, cuyas palabras reflejan las inquietudes y costumbres de la época: *"Venid en compañía de un hombre casado,* aconseja, *para cuidado de vuestra honra; mira que en vos está mi vida y mi muerte, por eso señora, abrid los ojos, mira que el día de hoy no hay mayor riqueza en el mundo que la honra. Mas yo estoy confiado y satisfecho de vos, que lo haréis como quien sois"*. Y termina, luego de las instrucciones prácticas: *"Cada día se me hace un año hasta veros, porque en esta vida no tengo otro descanso sino a vos, ni tengo otro deseo (...)"*. No eran sólo palabras de halago sino sinceras. Así lo vemos en la carta que Pedro de Salcedo manda desde Santiago de Guatemala a su hermano, donde le aconseja venir, pero en compañía de su mujer, ya que él, estando sin la suya *"(...) es tanta la tristeza que tengo que me hallo como si estuviera cautivo en tierra de moros (...). Ahora envío por mi mujer, para que venga acá, porque sin ella estoy el más triste hombre del mundo (...) y mi pena ha sido tan grande que caí en una enfermedad que llegaron a darme la extremaunción, y viéndome tan malo, los parientes de mi mujer dieron esta orden de enviar por ella (...)"*. Y a su mujer escribe con intensión de animarla a emprender tan largo viaje, que no tenga miedo del mar, *"porque es la mejor mar que hay en el mundo porque pasando la Gran Canaria, no es más navegar por ella que por el río de Sevilla"*.

Desde México, Pedro de Aguilera reprocha a su mujer Leonor de Paladines, en Sevilla, que no se haya embarcado con sus dos hijos y la exhorta a que lo haga en la próxima flota, *"aunque sea en camisa y con el ánima en los dien-*

tes", pues él estará allí para pagar el flete y para regalarla y servirla. Muy grande había sido su decepción al no verla llegar: *"y cuando vi entrar una flota tan populosa y con tan buen viaje como trajo y tanta gente y no os vi a vos ni a nadie, fue tanta la pena que recibí que entendí que me sepultaran en el puerto y no volviera a mi casa (...)".*

Insiste también Sebastián Pliego, comerciante, en la urgencia del viaje de su mujer, Mari Díaz, que vive en Mecina, Granada. Desde Puebla le escribe en 1581, mandándole plata y dándole todas las instrucciones necesarias y hasta la ropa que debe comprar para ella y sus hijos: *"Y si no venís os juro a Dios y esta cruz que no veréis más reales míos ni carta en mis días".* Luego intenta persuadirla por medios más suaves escribiéndole unos ingenuos versos de amor, una de cuyas estrofas dice: *"Vos os llamáis Mari Díaz / para mí no hay otra tal / Daros tengo una sortija / de oro, que es buen metal".* Y termina el buen hombre con una prosa más convincente que sus versos: *"Mira que sin vos no puedo yo vivir (...). No digo más, sino que antes que yo me muera os vea con mis ojos. Que las lágrimas que yo he echado por vos, no me pagaréis con cuanto hay".*

Ante las acusaciones de amancebamientos con indias, algunos se defendían de manera muy pintoresca, como aquel Pedro Martín que escribe a su mujer: *"(...) yo os juro por Dios y por esta cruz que os mintieron porque a más de un año que no sé tal aventura (...) y si yo lo fuera no viniera doscientas leguas y de más camino por saber nuevas de vos (...) y sabed que quiero más vuestro pie muy sucio que a la más pintada de todas las indias".*

Algunas mujeres eran reacias a embarcarse, ya fuera por temor al viaje o al cambio de vida... o quizás por haber perdido el amor hacia sus maridos. En estos casos, ellos recurrían a toda clase de argumentos, algunos de mucho peso, como decir que los estaban induciendo a pecar. En este sentido es notable la carta que Luis Díaz de Morales envía a su mujer Lorenza Clara de Arteaga desde Portobelo, instándola a que se anime a viajar y reprochándole la falta de noticias: *"No he visto respuesta ni letra tuya por ninguna vía ni he sabido de ti. Sabe Nuestro Señor, hija mía de mi alma, lo que he sentido y sentiré hasta que lo sepa, y no puedo imaginar sino que, como si no estuviera en el mundo, me has olvidado. No tienes razón, pues sabes la palabra que me diste delante de Nuestra Señora de los Remedios, en Madrid, que harías orden de venirte conmigo. No lo tengas por dificultoso, que cada día vienen señoras muy principales, y por venir con sus maridos, se ponen a todo. Así lo debieras tú de hacer (...). Mira que todos cuantos pecados yo hiciere han de cargar sobre ti, pues eres parte para poderlos estorbar y no quieres. Y si te confiesas bien y dices que yo te envío a llamar y tú no quieres venir, no te absolverán (...). Y si te resuelves a no venir, escríbemelo, para que yo no me canse en escribirte, y serás una de las más crueles criaturas que se hallará en el mundo, por no querer venir con su marido (...)".*

Aunque el amor que profesaban a sus mujeres era primordial en la urgencia de sus reclamos, también los impulsaba el miedo a la multa, cárcel o deportación, con que se amenazaba a los casados que vivían sin sus mujeres. Esta importante medida fue tomada por los gobernantes con el fin de poblar los nuevos reinos y no hacer de ellos una mera factoría como hicieron otros países colonizadores. La Iglesia, por su parte, bregaba para que los españoles viviesen unidos por el sacramento del matrimonio y no en concubinato. Ya en 1539 fray Valverde, obispo del Cuzco, escribía al Rey pidiéndole que enviara *"doncellas nobles de esas partes a estas tierras"*, ya que la mayoría de los españoles no quería casarse con indias pero estaban dispuestos a hacerlo con mujeres de la península. Recalcaba la necesidad de que fueran *"de buena casta"* para que los nuevos reinos se poblaran de *"buena gente"*. Esto concordaba con la importancia que daba el español al hecho de tener una esposa legítima y honorable y la fuerte tendencia a perpetuar su linaje haciéndolo ascender en la escala social por medio de un buen casamiento. A propósito de esto, un marido escribía a su mujer: *"(...) sabed que en esta tierra es muy estimada una mujer de Castilla, siendo mujer de bien, como vos lo sois".* Y otro la tentaba con la idea de que allí las españolas no tendrían que trabajar *"ni hacer cosa ninguna, porque todo lo hacen las negras".* Por otra parte, a la Corona le interesaba sobremanera que la nueva sociedad, aun siendo mixta, se fundamentara en la población española. Sin esta parecía imposible convertir en ciudad la aldea inicial. *"Es cierto que los pueblos de Indias no se tienen por fijos y estables hasta tanto las mujeres españolas entren en ellos y los encomenderos y conquistadores se casen",* afirma fray Pedro de Aguado en su *Historia del Nuevo Reino de Granada.*

Todas estas razones explican la gran demanda de mujeres, solteras o casadas, para el Nuevo Mundo, y que éstas se arriesgaran a emprender tamaña aventura ante los ruegos, promesas y hasta amenazas de sus parientes y allegados.

Una vez tomada la difícil decisión había que dar varios pasos: primero, dejar la aldea, pueblo o ciudad natal, vendiendo o dejando a los parientes que allí quedaban, sus casas, tierras, olivares, huertas, etcétera, y radicándose en Sevilla, en casa de algún amigo o conocido —generalmente recomendado por el "indiano" que las reclamaba— mientras se hacían los papeles y se preparaba el *"matalotaje"* o avío necesario, que variaba según la condición económica y social de las viajeras.

El papeleo exigido para embarcar hacia las Indias era bastante complicado y en general debía tramitarse en la Corte, antes de pasar por la Casa de Contratación de Sevilla. Uno de los requisitos era el de ser "cristiano viejo". Pero a las mujeres reclamadas por sus maridos se les simplificaban las cosas y también a las solteras, que no tenían más que presentarse a la Casa de Contratación. Si llevaban criados o esclavos debían pedir licencia por ellos. En general los maridos recomendaban a sus mujeres y hermanas solteras que fueran acompañadas por un matrimonio o por otras mujeres, pues los peligros del viaje eran muchos, no sólo los materiales sino, como vimos anteriormente, aquellos de "la honra", que tanto les importaba. En la mayoría de los casos los parientes mandaban dinero para que hicieran todas las compras necesarias, pero algunos preferían pagar el pasaje en el puerto de llegada. También daban nombres de personas que podían ayudarlas a preparar todo y verdaderas listas de la ropa, utensilios y comida que deberían comprar.

Andrea López de Vargas, feliz madre de familia instalada en México, escribe a sus hermanas solteras que han quedado en Jerez de la Frontera instándolas a que emprendan el viaje *"porque en esa tierra no hay hombres y acá querrá Dios que las case"* y dándoles minuciosos consejos que incluyen las vestimentas adecuadas: *"Para cada una, una saya y ropa de estameña con un pasamano de oro las ropas y las sayas con tres franjas de oro y un jubón de telilla. Un manto de lustre para cada una. Una ropa y saya y jubón de tafetán negro guarnecido con sus soguillas. Y en lo que toca a camisas y tocas y gorgueras, traigan las que les pareciere que han menester. Y si algún manto, el que tuviere, aunque raído, tráiganlo para ordinario además de los de lustre".* No invita a su hermana casada *"estando cargada de muchachos como está, porque es mucho trabajo viajar con ellos".*

En cambio, Segundo Martínez, platero que ha triunfado en el Nuevo Mundo, hace más hincapié en la comida que deben traer su padre, madre, hermanos y hermanas solteras. Después de asegurarles que *"no han de gastar un real en la venida, ni ha de tomar trabajo en otra cosa más que en hacer la probanza de cómo es cristiano viejo"* puesto que él proveerá de todo a través de un amigo, les recomienda que traigan muchas provisiones o matalotaje para el viaje *"y toda la fruta seca que pudiere meter en el navío meta, porque vale mucho por la mar, y algunas gallinas si pudiere, y vinagre y aceite y vino y atún, que antes les sobre que les falte (...)".* También pide a su padre que traiga sus herramientas de platero. El anteriormente mencionado

Antonio Blas recomienda a su mujer traer muchas cosas por la carestía de la vida: *"Allí lleva el señor Yepes 300 pesos para que gastéis en lo que hubieres menester. Los primeros reales gástalos en una negra, para que os sirva por el camino, y vestíos vos muy bien, y a mi hijo Blas hacedle dos o tres vestidos para que tenga qué romper acá. Y de todo lo que fuera menester para su casa venga proveída, porque acá todo vale muy caro... y traiga mucho azafrán y toda clase de especias, hasta hilo, y todo para nuestra casa. Y trae también un par de sillas jinetas, una para vos y otra para nuestro hijo. Para mí tráeme un vestido, sayo, capa y calzas, negro y raso para un jubón. Trae todo lo que pudieres porque acá todo vale un ojo de la cara".*

Otro, a quien le ha ido muy bien, pide a su mujer que no traiga nada porque él los vestirá de seda a ella y a sus hijos, le recomienda que se haga elegir la mejor nave de la flota *"y la mejor cámara que en la nao hubiera"* y las exhorta a no salir, ni ellas ni sus hijas *"burlando ni de veras"* de la mentada cámara *"porque conviene así"*. Es de esperar que no haya sido seguido el consejo inhumano de un hombre tan "celoso de su honra" que condenaba a su familia al mareo perpetuo en el fondo de un camarote oscuro y maloliente. En verdad, el temor a viaje tan sufrido y sobre todo al mar en sí mismo, acobardaba a hombres y mujeres. Una pobre mujer que enviudara a los pocos días de desembarcar escribe a su hija que de haber sabido *"los grandes peligros y tormentas de la mar en que nos hemos visto, no digo yo venir, mas ni pasarme por el pensamiento la idea de embarcar"*, y continúa describiendo la gran tormenta que durara dos días con sus noches, durante la cual pensaron perecer *"porque fue tan grande la tempestad que quebró el mástil de la nao, pero con todos estos trabajos fue Dios servido que llegásemos a puerto"*. Estas palabras son contrarrestadas por otros que animan a las mujeres alegando que *"no hay mayor contento en el mundo"* que navegar. Y añade un señor encumbrado a su cónyuge indecisa que si tantas mujeres de pueblo *"se animan a pasar el pequeño trabajo de una embarcación por el amor de sus maridos y por el descanso que esperan, cuánto mejor vos, que no os falta dinero para que lo hagáis".*

No terminaban las molestias con el cruce del océano. Ya en tierra, no todas tenían la suerte de ser esperadas por un marido solícito como aquél que escribía: *"Cuando la flota venga estaré yo en el puerto con caballos y algunos regalos para recibiros (...) de vuestra venida y del recibo del dinero me avisaréis en el primer navío de aviso, y en qué nao estáis fletada, para que yo viva con la esperanza de vuestra venida, porque con el contento me hallaréis más mozo que cuando de vos me partí".* Otras, en cambio, como la viuda que mencionamos, tenía la desgracia de perder a su marido y quedarse sola y desamparada en una tierra desconocida, o, peor aún, teniendo a su cargo dos o tres hijos para criar y mantener.

Pero a la hora de la llegada a tierra el revuelo debía ser muy grande, así como la expectativa y la curiosidad ante lo desconocido. Juan de Castellanos, testigo y cronista de estos viajes, versificó con incansable paciencia la epopeya de la conquista y primeros años de colonización americana, dejándonos interesantes detalles. En la llegada, según Castellanos: *"Salen a luz vestidos recamados / con admirables frisos guarnecidos. / Relumbran costosísimos tocados / que de rayos del sol eran heridos. / Otras sacan cabellos encrespados / en redecillas de oro recogidos. / Y así, con vestimentas excelentes / llevan tras sí los ojos de las gentes.".* Si recordamos lo extraordinariamente recargada y lujosa que era la ropa en tiempos de Carlos V y Felipe II, podremos darnos una idea de la magnitud de la empresa. Los vestidos se pasaban de madres a hijas y hasta nietas, siendo común encontrar en los testamentos, aun de nuestras pobres ciudades del Tucumán, Río de la Plata y Cuyo, descripciones de ropas costosísimas. Este lujo haría más agudo el contraste con las ciudades-aldeas. No debe extrañarnos, entonces, el exabrupto de una de estas doncellas al llegar a Santa Marta, testimonio recogido por el ya mentado Castellanos: *"¿Dónde está la ciudad rica y ufana / que Santa Marta dicen que se llama?... Y vosotros, vecinos sin provecho / ¿Cómo podéis vivir de esa manera / en chozuelas cubiertas por helechos / donde el viento menea la madera / con una pobre hamaca como lecho / y una india bestial por compañera? (...)".*

"¡Tanto arreglarnos para esto...!", pensarían mientras a la nostalgia por la tierra perdida se sumaba la desilusión. Las casadas encontraban muchas veces a sus maridos acompañados por uno, dos o más mesticitos a quienes ellas debían educar... y todo sin preparación previa, sin tener más que el bagaje de su propia cultura, de lo aprendido en la parroquia o en la escuela de la aldea... No sabían por dónde empezar.

No menos desilusionadas resultaban algunas de las que habían ido con ánimo de hacer un brillante casamiento. El Inca Garcilaso cuenta una divertida historia al respecto, ocurrida en Guatemala pero que puede aplicarse a otros lugares del Nuevo Mundo: acompañando a la mujer del gobernador don Pedro de Alvarado, llegaron *"unas veinte doncellas muy gentiles, hijas de caballeros de buenos linajes. Bien creo que es mercancía que no se me quedará en la tienda, pagándomela muy bien"*, dice Alvarado en una carta a uno de los posibles candidatos, haciendo alarde de superioridad masculina. Pero se le pagaría con la misma moneda. *"Dicen que nos hemos de casar con estos conquistadores"* —fue el comentario de una de las damiselas, escuchado furtivamente por uno de los candidatos—. *"¿Con estos viejos podridos nos hemos de casar?"* —contestó otra. Y una tercera agregó—: *"Cásese quien quisiere, que yo por cierto no pienso casar con ninguno de ellos. Dólos al diablo, parece que escaparon del infierno según están de estropeados. Unos cojos, otros mancos, otros sin orejas, otros con media cara, y el mejor librado la tiene cruzada una, dos y tres veces..."*. ¿No se merecían algo así aquellos que las consideraban "mercancía"? Lo cierto es que para la mayoría de las pobladoras, sobre todo las que fueron al sur del Virreinato del Perú, el encuentro con las Indias debió significar una dolorosa experiencia, cuando no una cruel desilusión. Habían oído hablar de ciudades populosas y ricas y he aquí que se encontraban con aldeas de techo pajizo y casas de barro donde todo estaba por hacer.

Ha existido hasta ahora una injusticia historiográfica para con la mujer pobladora que ya es tiempo de reparar. En general las crónicas y probanzas de méritos nombran a los primeros pobladores de cada ciudad y con frecuencia hasta se menciona lo que cada uno aportó en la empresa. La mujer pobladora, en cambio, es tan poco tenida en cuenta que ni siquiera se sabe cuándo se integra a la ciudad recién fundada, si está desde la primera hora, cuándo y con quién llegó... Duele e indigna que las mujeres y los niños sean mencionados sólo en las catástrofes. No nos enteramos, por ejemplo, de que en la destruida Córdoba del Calchaquí había mujeres hasta que nos cuenta la crónica que fueron apresadas, forzadas, torturadas y asesinadas por los indios. Sabemos que había niños porque el llanto de uno de ellos alertó a los indígenas del intento de fuga nocturna de los pobladores.

No queremos olvidar aquí a las infelices mujeres y niños que acompañaron al heroico pero loco Sarmiento de Gamboa a poblar el Estrecho de Magallanes en 1584. Allí dejaron sus vidas después de haber fundado Nombre de Jesús y Real Felipe, rebautizada "Puerto Hambre" por el pirata inglés Cavendish a causa de la desolación que encontró al pasar por allí tres años después, cuando casi todos sus habitantes habían muerto en una tremenda odisea de hielo y hambre.*

Desde la aldea anónima de España hasta la tumba anónima en América transcurre la vida de estas mujeres pobladoras en las que las hazañas se van sumando: cruce del océano en embarcaciones de increíble pequeñez, cruce de cordilleras a lomo de mula, kilómetros a pie o a caballo por páramos, selvas o desiertos, sufriendo privaciones a la par del hombre, con el agravante muchas veces de un embarazo o un niño en brazos... Y ni siquiera le quedaría, si hubiera podido mirar hacia el futuro, el consuelo de ver sus heroicos esfuerzos recordados y valorados por sus descendientes: ni estatuas que pregonen sus hazañas, ni cuadros, ni novelas, ni obras de teatro, ni películas cinematográficas que las reproduzcan... ¿Llegará algún día para nuestras "pioneras" la hora del reconocimiento y la justicia?

María Mexía

Ya van tres años que la expedición de Núñez del Prado vaga entre los valles y cerros del Tucumán fundando y desfundando la desdichada ciudad de El Barco, llamada así en recuerdo de El Barco de Avila, lugar de nacimiento del general del Prado. Y eso que los lugares elegidos han sido buenos y acordes con lo exigido por las Leyes de Indias: el temple apacible, cercano a un río, tierra abundante de pastos, etcétera, etcétera. En el llamado Ibatín habían comenzado a levantar la primera Barco, pero debieron abandonarla por problemas de jurisdicción con la gente venida de Chile al mando de Villagra; en los valles calchaquíes, tuvieron también que abandonar, después de casi un año de intensos trabajos y sufrimientos la segunda Barco porque los indios del valle, muy celosos de su libertad, no les daban tregua con sus continuos asaltos. Eran hombres avezados en luchas estos que acompañaban a Núñez del Prado. Habían ganado el derecho de conquistar las casi desconocidas tierras del Tucumán peleando contra Gonzalo Pizarro en la batalla de Xaxijauana y saliendo vencedores *"en defensa del estandarte real"*. Por tal razón el pacificador La Gasca les había permitido realizar esa entrada a las tierras que pocos años antes recorrieran los hombres de don Diego de Rojas.

La expedición se componía de unos cincuenta españoles, entre ellos dos dominicos, más los indios flecheros y la "chusma" —mujeres y niños indígenas— que siempre acompañaban a las huestes. Finalmente llegaban a tierra de juríes. Cansados y flacos, muchos iban a pie por haber perdido sus caballos. La ropa, tan poco apropiada para las circunstancias, les caía hecha girones, tanto que algunos habían decidido reforzarla con pieles de animales de la región.

Corre el año 1552. Ya no buscan los soldados oro ni plata, sólo quieren que los dejen vivir en paz luego de tantas privaciones. Entre los más jóvenes y animados del grupo va un capitán andaluz de apenas veinte años llamado Hernán Mexía Mirabal. Como los demás, tiene algunas noticias de estos juríes, llamados así por la abundancia de avestruces o "suris" que hay en sus tierras. Sabe que aprovechan las inundaciones del río para sembrar maíz, que recolectan mucho algarrobo y que *"son gente muy bien dispuesta"*... pero no ignora que son temibles en las "guazabaras", no sólo por sus hondas, arcos y flechas, similares a las de otras parcialidades, sino porque *"tienen yerba muy peligrosa"* con la que untan las puntas de sus armas, causando la muerte del herido con ellas en medio de terribles convulsiones. Diego de Rojas ha sido una de las primeras víctimas, herido en una pierna antes de que los españoles hubieran descubierto el antídoto.

Y es en una de estas aldeas juríes rodeadas de empalizadas por temor a los lules, que periódicamente intentan robarles sus mujeres y sus cosechas, donde se produce el encuentro entre la indiecita y el sevillano. Si no conocemos los detalles de este comienzo podemos ver en cambio sus frutos, que fueron abundantes y provechosos. Pero podemos sí, imaginar a la que luego sería llamada María Mexía, teniendo en cuenta lo que afirma en 1558 el cronista Jerónimo de Vivar de las muchachas juríes: *"...mejores a todo lo que se ha descubierto en las Indias (...) de muy buen parecer y de muy lindos ojos (...) vestidas sólo con unas pam-*

panillas o con unas mantillas de lana que las cubren de la cintura para abajo".

Esta unión entre una india y un español podría haber sido igual a tantas que se produjeron sin dejar más rastros que los hijos mestizos y, ocasionalmente, el nombre de la madre, a no ser por una circunstancia que la torna única: María Mexía dejó testamento. Quien quiera verlo no tiene más que acudir al Archivo Histórico de la Ciudad de Córdoba y allí, buscando en el legajo XIII, foja 2542, correspondiente al 23 de septiembre de 1600, podrá ir descifrando la antigua caligrafía del escribiente y las firmas del escribano Juan Nieto y de los testigos que actuaron. Para entonces Hernán Mexía había muerto, posiblemente en España, a donde volviera como procurador de las ciudades de Córdoba, Santiago del Estero y San Miguel y también con la intención de gestionar el merecido título de maese de campo vitalicio, después de haber participado en todas las fundaciones realizadas en el Tucumán y haber servido a su rey en mil guazabaras y exploraciones. María lo recuerda como su *"amo y señor"* y manda decir diez misas para sufragio de su alma.

Cuatro hijos había dado a su compañero durante los penosos primeros años, mientras se levantaba la aldea siguiendo el plano de las Leyes de Indias: en el medio la plaza mayor, a su alrededor las casas del cabildo, la iglesia matriz, la cárcel, los solares donde se edificarían las casas de los más influyentes fundadores y los destinados a los conventos de mercedarios, franciscanos y dominicos, primeras órdenes religiosas que entraron en nuestro territorio (más adelante llegarían los jesuitas con su entusiasmo transformador). Se hacía la cuadrícula en el papel y se trasladaba exactamente a la tierra: seis, siete, ocho o diez manzanas de largo por algunas menos de ancho. A cada uno le tocaba en merced un cuarto de manzana. Algunos lo vendían, otros lo dividían, otros comenzaban en seguida a edificar: rodeaban el solar de tapias de adobe e iban levantando las salas, patios, huertos, corrales, y, en el caso de los comerciantes y artesanos, sus tiendas. Todo de acuerdo a las circunstancias y los materiales de que pudieran disponer en el momento. Por muchos años las casas fueron de adobe o tapia, techadas de paja. Luego comenzaron las construcciones reforzadas con madera, base de piedras y techo de tejas. En la primitiva Santiago del Estero —trasladada por Francisco de Aguirre al otro lado del río al año de estar instalados— no había árboles ni plantas "de Castilla". En los huertos se plantarían zapallo, papas, ajíes y frijoles, y tal vez algo de maíz. Ninguna casa dejaría de tener sus árboles de algarrobo propios de la región. A las orillas del río se distribuían las "suertes" o mercedes para hacer sus "chácaras y sementeras" y, más alejadas aún, las estancias donde andando el tiempo pacería el ganado: vacas, ovejas, caballos y mulas tan necesarias para el comercio.

Pero cuando se produjo el encuentro entre Hernán y María faltaba mucho para llegar a este panorama relativamente próspero. Luego de la guazabara inicial en Meaja, donde los intrusos tuvieron que luchar contra cuatro mil indios de la región, éstos siguieron defendiendo con ahínco su tierra durante casi seis años, durante los cuales tuvieron los recién llegados que *"correr la tierra cargados de armas"* para impedir los continuos alzamientos. Para terminar de complicar la situación, nunca cesaron entre ellos las querellas internas, a las cuales han sido siempre tan afectos los españoles.

Pero volvamos al testamento de María Mexía. Muchos datos podemos extraer de la lectura de este curioso documento: María no se ha casado con el padre de sus cuatro hijos... Como era de suponer, éste, al contraer varios años después matrimonio legítimo con una española llegada de Chile, la ha hecho casar con un indio, el indio Andrés, que también ha muerto. Para la fecha del testamento María es, pues, viuda. Y es propietaria de rebaños de ovejas y de otros animales. Tiene varios servidores y servidoras indígenas a quienes deja mandas diversas: mantas, camisetas, ovejas, etcétera. Se ve que el padre de sus hijos ha sido generoso con ella. Cuando la sorprende la enfermedad está viviendo en Córdoba, en casa de su yerno, el famoso Tristán de Tejeda, casado más de treinta años antes con su hija Leonor, quien le ha dado siete nietos. Ana, otra de sus hijas, viuda de Pedro Deza, ha muerto en 1595 después de tener dos hijas con su primer marido y seis hijos e hijas con el segundo, el general Alonso de la Cámara, uno de los que descubrieron el camino de Córdoba a Buenos Aires. También Juana se ha casado con un español, Juan Rodríguez Cardero, y tienen hasta ahora seis hijos. Pero Juan, su único hijo varón, no está ya para acompañarla. María ofrece varias misas en sufragio de su alma y deja una donación especial para su nieta Leonor, la hija de ese hijo tan querido, que está por casarse con Melchor de Acuña y que es quien cuida de ella en su enfermedad. Es a través de todos estos nietos que la descendencia de la india María se multiplicará, no sólo en Córdoba sino en las demás provincias de esta tierra.

Pero nosotros quisiéramos saber algo más de los primeros años, los más interesantes, los fundacionales en los que se inició la vida en común de este singular "matrimonio". Tratemos para ello de rescatar del olvido la figura de la humilde india jurí, que con su asistencia constante, cariñosa y fiel allanó el camino de su compañero, colaborando, de un modo pasivo y silencioso, en sus hazañas dignas de un cantar de gesta.

Era éste un hombre verdaderamente excepcional, aunque en esos años en que proliferaban los Alvar Núñez, los Hernando de Soto, los Orellana, Cortés, Balboa y tantos otros gigantes de la aventura, su figura no haya resaltado tanto como debiera. Tenemos aquí otra víctima de la injusticia historiográfica. ¿Cómo es posible que no se recuerde en nuestras escuelas al hombre que trajo desde Chile las primeras semillas de trigo, algodón y árboles frutales a la región del Tucumán? Encontramos, además, en este hombre dones más raros y valiosos que la valentía, patrimonio de casi todos ellos, como son la tolerancia y el es-

píritu de conciliación. Sabemos que era sevillano. Si noble
o no poco importa. El es uno de los principales forjadores
de esa nueva aristocracia americana en la que *"vale más la
sangre vertida que la heredada".* Sabemos que, no obstante
su valentía, prefería arreglar los conflictos por la persuasión. Sus buenos oficios evitaron que Garay y Abreu fueran a las armas por motivos banales de amor propio; tranquilizó y conformó en otra ocasión a los vecinos de Talavera de Esteco, insurreccionados en el cabildo contra el gobernador; viajó a Chile con otros compañeros en busca de
un sacerdote cuando no había ninguno en Santiago del Estero y aprovechó la ocasión para traer de allí las semillas
de trigo, algodón y árboles frutales; recorrió la extensísima
comarca cordobesa escribiendo luego una relación detallada de los accidentes geográficos y de las tribus que allí vivían, aportando detalles de sus ritos, trajes, tocados, usos y
costumbres. Se adelantaba así a la moderna etnografía y
aportaba a los fundadores los datos necesarios sobre el lugar. Ayudó a poblar con su esfuerzo, armas, caballos y bastimentos, casi todas las nuevas ciudades que se iban levantando en esa extensísima geografía y las socorrió cuando
fueron atacadas por indígenas enemigos. En una de sus
correrías descubrió un gran peñol de hierro (¿un aerolito
quizás?) del que se sirvieron por mucho tiempo para hacer
clavos, herraduras y diversas herramientas. Viajó varias veces a Charcas y al Cuzco por motivos comerciales o administrativos, acompañando presos, custodiando gobernadores y demostrando siempre su conocimiento de la tierra y
de los naturales.

Después de estos viajes y correrías, volvería Hernán Mexía cansado a su hogar santiagueño, donde lo esperaban
María y sus pequeños hijos. Durante sus largas ausencias
los mesticitos iban creciendo y fortaleciéndose mientras
se plasmaba en sus rasgos la nueva raza morena. Encontraría en ellos el español algunos gestos familiares de sus
padres o abuelos, a quienes no volvería a ver. Otras actitudes le resultarían extrañas, venidas de distinta vertiente

cultural. Debía hablar mucho con ellos para que aprendieran el castellano, ya que María, como lo confiesa en su testamento, no hablaba castellano, sólo el quechua y el jurí natal. Les haría también muchas preguntas sobre lo que aprendían en el catecismo con el padre Cidrón, aquel sacerdote que trajera de Chile. También María iba al catecismo y pertenecía a varias cofradías: a la de las Animas, a la del Santísimo Sacramento, a la de la Vera Cruz y a la del Niño Jesús. Había asistido primero asombrada y luego conmovida a las extrañas ceremonias que estos rudos españoles practicaban en Santiago cuando estaban sin sacerdote: en largas filas siguiendo al que portaba una gran cruz, iban cantando algo que se repetía, en una lengua extraña, hasta llegar a una pequeña ermita donde se hallaba la imagen de una mujer con un niño a quien llamaban "Nuestra Señora" (después supo que esas "letanías", cantadas en latín, eran alabanzas a la madre de Dios). Luego los veía volver, y en el mismo orden, entrar en la iglesia frente a la plaza. Muchos de estos hombres tenían lágrimas en sus ojos y otros lloraban abiertamente. Nunca pudo olvidarlo.

Muchos años después, ya instruida en las principales verdades de la fe católica, ella también había participado en estas ceremonias y en otras mucho más ricas y complicadas, y con sus ahorros había colaborado para comprar un nuevo manto y una corona para el Niño Jesús de la cofradía de los indios.

¿Habrá sido feliz María en esos primeros años de convivencia en Santiago con el joven y apuesto sevillano? La ciudad era en ese entonces una aldea apenas un poco más civilizada que las de los aborígenes. Las grandes diferencias radicaban en el ranchito con espadaña y cruz llamado pomposamente "catedral" o "iglesia matriz"; el otro, un poco mayor que los demás, llamado "cabildo"; la plaza con el rollo de la justicia, y las casas de los franciscanos, mercedarios y dominicos donde funcionaban las escuelas que éstos atendían. Estas primitivas escuelitas de religiosos cumplieron el mismo papel que en la Argentina de la inmigración cumplirían las escuelas del Estado como fusionadoras de las distintas nacionalidades llegadas de ultramar. En ellas se mixturaba la cultura española con la de las diversas parcialidades aborígenes aportada por las madres y luego por las nodrizas y servidoras indias.

Hubo momentos muy difíciles, debidos a la pobreza de la tierra y a las constantes amenazas indígenas. Hasta que las semillas de trigo y algodón dieron su fruto no tenían para comer más que maíz y algarrobo, y para vestirse los harapos de los complicados vestidos traídos cinco años atrás y lo que las mujeres pudieran hilar y tejer con la lana de ovejas y vicuñas. Con metódica paciencia prepararían María y sus compañeras el patay, machucando en el mortero las dulces vainas de algarrobo, molerían el maíz o lo cocinarían en grano con el agregado de las hortalizas que cuidaban en las huertas: ajíes, frijoles, papas y zapallos, hasta que llegaran las legumbres y frutales "de Castilla". A veces los hombres aportaban alguna pieza de caza y sus parientes indios las proveían de pescado. En general, eran ellas quienes cuidaban las huertas y sementeras, ayudadas por servidores indios, muchas veces hermanos o allegados. Los pocos españoles por esos años sólo se ocupaban de la defensa: dormían con las armas junto a la cama y el caballo ensillado en el patio, dispuestos a saltar al primer toque de la campana que anunciara el peligro. A veces venían a pedir socorro de una de las ciudades vecinas invadidas y quemadas, donde un angustiado grupo de sobrevivientes esperaba. Hacia allí partían a todo galope los más esforzados. Sus mujeres los verían partir con el temor de no verlos regresar, para seguir luego atendiendo a sus hijos y a su casa. Hacía mucho que habían optado por el bando de los invasores de su tierra, que eran al mismo tiempo los padres de sus hijos. A la vuelta de la jornada, casi siempre heridos y siempre agotados, encontrarían éstos el fuego prendido, la sopa humeante, los hijos cuidados... Durante siglos las crónicas sólo han registrado la mitad cruel de la vida: batallas, guerras, conquistas que engendran muerte y destrucción y poco han tenido en cuenta a la otra mitad, invisible pero imprescindible, de la paz, del hogar, de la vida cotidiana, sin la cual no es posible la vida del espíritu ni la creatividad.

Alrededor del año 1565 se produce un cambio fundamental en la vida de María. Desde La Serena, en Chile, había llegado a estas tierras Gaspar de Medina, trayendo como regalo para la ciudad casi carente de españolas nueve huérfanas de guerra, entre ellas Isabel de Salazar, quien sería elegida por Hernán Mexía Mirabal como su legítima mujer. Su probanza de méritos nada dice de todas estas intimidades pero rastreando en ella vemos que durante el año 1566 está ausente en Charcas. ¿Se fue allí casado con Isabel de Salazar, quizás para hacer menos incómoda la situación poniendo distancia de por medio? Y si fue así, ¿habrá sido simultáneo el casamiento de María con el indio Andrés? Posiblemente sí, pues era muy difícil que una mujer viviera sola, sobre todo con cuatro hijos. Es quizás entonces cuando se lleva a sus dos hijas mayores al Perú con la idea de buscarles un marido digno del nombre y la no despreciable fortuna que ha sabido hacerse en la gobernación del Tucumán. Las lindas mestizas adolescentes deben aprender a comportarse en sociedad si quieren casarse bien. Otro golpe para la india María que debe aceptar con resignación el alejamiento de sus hijas. Ella sabe que, bajo la influencia de su "sucesora" se convertirán en señoritas españolas, se vestirán con sedas y terciopelos y aprenderán a expresarse en correcto castellano... todo esto es muy lindo, pero ¿cómo la verán a ella cuando vuelvan tan cambiadas, del brazo de sus importantes maridos?, y sus nietos ¿renegarán alguna vez de sus orígenes o lo tendrán quizás como motivo de orgullo y de mayor acercamiento a su tierra? Años más tarde vuelven sus hijas casadas acompañando a Luisa Martel de los Ríos, mujer de don Jerónimo Luis de Cabrera, que viene a fundar Córdoba de la Nueva Andalucía en tierra de comechingones. Mientras se prepara la fundación, se instalan en Talavera (Esteco) y desde 1575 en la nueva ciudad, que será orgullo del Tucumán. Es allí donde encontramos a María, viviendo en casa de su hija, Leonor Mexía de Tejeda, rodeada de respeto y consideración por sus yernos, nietos y nietos políticos que actúan como sus testigos y apoderados. Estando allí manda vender unas ovejas que tiene en Santiago y hace una donación para su nieta Leonor, hija de Juan, que está por casarse con Melchor de Acuña. La imaginamos en la casa lindera a la catedral que años después su nieto, Juan de Tejeda, convertirá en convento. Callada y discreta, meciendo a sus nietitos, recorriendo la huerta, dando una mano en la cocina o simplemente pensando, sentada a la usanza indígena, en los cambios que su vida había contemplado: la infancia en la aldea jurí, respetada como hija del cacique, temerosa de los ataques de los feroces lules que se llevaban cautivas a las mujeres y las niñas; la aparición de los españoles barbados, sobre esos extraños animales; su primer encuentro con Hernán Mexía, tan distinto a los jóvenes de su tribu: sus extrañas ropas, su espada y su arcabuz; el terror que le dio el estruendo de la pólvora, la risa de él... la vida en común, los hijos... la llegada de más hombres a caballo: unos armados, otros que sacaban de sus alforjas maravillosos y extraños objetos traídos en recuas de mulas; las eternas discusiones, maldiciones y peleas, para ella inexplicables, entre distintos bandos de esos hombres armados; los primeros religiosos y sacerdotes: unos con ropas blancas y negras, otros de marrón, otros todos de negro... (pronto aprendería también ella a diferenciarlos y a venerar a sus patrones: Santo Domingo, San Francisco, San Ignacio). Le atrajeron desde el primer momento las imágenes que ellos traían, los ornamentos y banderas de colores, la música que tocaban en las procesiones y en las ceremonias litúrgicas, instrumentos extraños que producían sonidos nunca imaginados... Luego, la llegada de las primeras mujeres españolas, sus fascinantes vestidos de telas suaves al tacto y de brillantes colores, sus joyas y peinados... la transformación de la aldea en ciudad... la aparición de

Isabel, su casamiento con Andrés... y ¿volver a la vida de antes? ¡Ya nunca sería posible! Había conocido demasiadas cosas nuevas, extrañas, deslumbrantes... ya nada podría ser igual. Además, estaban sus hijos y sus nietos que pertenecían a ese mundo nuevo y que la seguirían queriendo como a su madre aunque fueran más instruidos... y ahora sus bisnietitos, como éste que ella mecía canturreando en su lengua para hacerlo dormir: *"Iutíto que mai pirinke / chimpá pique verde miske..."*.* ¡Qué bien se había casado su nieta Leonor de Tejeda... su casa tenía un oratorio adornado con imágenes y tallas doradas... era una de las damas más ricas de Córdoba... Ella simpatizaba con su marido, el general Manuel de Fonseca Contreras, por eso lo había nombrado testigo junto con sus yernos Tejeda y De la Cámara. No, no se quejaba de su destino... hasta había podido vestirse como española, con un traje de raso azul con pasamanos de seda y otro negro de algodón que guardaba en un arcón con llave. Tenía también 30 ovejas, 3 bueyes, una yegua, un potro que dejaba a su nieto Juan, algunos pesos de plata y bastante ropa de algodón. Quería que todo eso se repartiera entre su familia y sus servidores indios... pero a Leonor, la hija de Juan, su preferida, la encargada de cuidarla en sus últimos días, le dejaría una donación especial. Podía morir en paz... los suyos crecían y prosperaban... los que habían muerto, descansaban en la paz del Señor que ella había aprendido a conocer y a amar.

Y así esta india que apareciera un día en la vida de Hernán Mexía *"vestida con unas pampanillas"*, dejaba el mundo rodeada de sus seres queridos, lo más granado de Córdoba y vistiendo, por su propio pedido *"el hábito del señor San Francisco..."*.

---

* Versos en quechua, escritos en forma fonética, pertenecientes a una vieja tonada indígena recopilada por los Farías Gómez.

Teresa de Ascencio

Esta historia de amor tuvo por escenario uno de los valles más bellos y fértiles de la tierra cuyana, el valle de Tulum, regado por el Tucuma, en cuyas orillas se fundara San Juan el 13 de junio de 1562.

Francisco de Villagra fue el primer español que pisó suelo cuyano, al volver con su hueste a Chile desde el Perú, en mayo de 1551. Llevaba refuerzos a Valdivia para la guerra de Arauco: 185 hombres y 500 caballos. Pero el invierno se adelantó aquel año y debieron esperar la primavera en el valle antes de cruzar la cordillera. Nunca olvidaron el crudo invierno pasado entre borrascas y tempestades de nieve. Por fortuna los habitantes de la arenosa Cuyo, los indios llamados huarpes, eran amables y hospitalarios. Recibieron a los españoles sin ofrecer resistencia y años más tarde, según cuenta fray Reginaldo Lizarraga, enviaron una delegación al gobernador García Hurtado de Mendoza pidiéndole que mandara sacerdotes y pobladores, en símbolo de paz.

Eran estos huarpes *"de fisonomías agradables y espíritus inteligentes"*, considerados por los españoles como los más hermosos entre los naturales del Nuevo Mundo. De ellos dice el cronista Ovalle: *"Son bien tallados y dispuestos (...) muy sueltos y ligeros. Helos visto subir y bajar los asperísimos montes de las cordilleras como si fueran gamos, y no sólo los hombres, sino también las mujeres con sus hijos en las cunas, las cuales, asidas a una ancha y tosca correa que atraviesan por la frente, las dejan caer por la espalda. Y con todo aquel peso que viene colgando de la cabeza sobre el cuerpo, que llevan encorvado para mayor comodidad del niño, caminan y siguen al paso de los maridos con tanto desembarazo y agilidad que admiran".*

En una de las llamadas "cartas anuas", enviadas periódicamente por los padres de la Compañía de Jesus a sus superiores de Roma, el padre provincial recomienda el envío de misioneros no demasiados jóvenes a tierras de Cuyo: *"por ser las indias comarcanas muy hermosas, y no sea que desvelados por la salvación de sus almas, pierdan los misioneros las propias".*

Estas mujeres, altas y finas, realzaban su belleza con vestidos hechos con pieles de guanaco que traían atados al hombro y ceñidos a la cintura y con vueltas de collares alrededor del cuello. Entre las más hermosas sobresalía la llamada "cacica de Angaco", hija del Anta Huarpe, curaca principal de esas tierras.

En 1561 Juan de Jufré fue nombrado por Villagra, entonces gobernador de Chile, teniente de gobernador y capitán general de la provincia de Cuyo, con encargo de poblar en los valles del otro lado de la cordillera. Primero pobló la ciudad de la Resurrección, trasladando a ella los treinta soldados que había dejado Pedro del Castillo en el fuerte llamado "Mendoza", que finalmente dio nombre a la nueva ciudad. Se trasladó después con sus hombres al valle de Tulum, tierras del Anta Huarpe. Fue allí donde el hidalgo vasco Juan Eugenio de Mallea, segundo capitán de la expedición, conoció a la princesita.

Nacido en Eibar en 1535, su padre había sido capitán de los tercios de España y miembro del Consejo Supremo de Guerra en Flandes, y su abuelo, caballero de la Orden de Santiago. Había llegado a Chile a los 17 años con Martín de Avendaño y allí se incorporó a las tropas del gobernador Francisco de Villagra. Había asistido a la repoblación de Concepción y a la fundación de Mendoza con Pedro del

Castillo. A pesar de todo este curriculum no tuvo escrúpulo alguno en unir su vida a la bella indiecita y vivir con ella y sus hijos en el valle de Tulum hasta su muerte.

En el bautismo previo a la boda la cacica tomó el nombre de Teresa de Ascencio, en homenaje a la fiesta de la Ascensión del Señor, celebrado entonces el 20 de mayo. Lo curioso de este matrimonio es que, por no haber sacerdote, se unieron en presencia del pueblo. "La hija del cacique aportó a su boda un pacto de amistad con los españoles, sellado por el Anta Huarpe, su padre, y una dote de muchos reales en oro. Acercó paz con las tribus nativas y el cacique mismo se convirtió en indio noble. Pudo anteponer el 'Don' que le concedió el rey Felipe como privilegio real, amén del señorío de Angaco para sí, sus hijos y descendientes." Cuentan que el amor del español por la india duró toda la vida, a pesar de que las sucesivas generaciones de cuyanos miraron la unión con un dejo de burla. Sin embargo, dicen que fueron felices. El capitán Mallea debe haber sido un ser muy especial para quedarse a vivir en la primitiva ciudad abandonada por casi todos sus vecinos.

Veintitrés hombres, entre los que había españoles, criollos y mestizos chilenos, habían venido con Juan de Jufré desde Chile a fundar al valle de Tulum. Uno de los mestizos era Bartolomé Flores, hijo legítimo del general Bartolomé Blumenthal y de una india con quien se había casado. Entre ellos se repartieron, como era costumbre, mil quinientos indios encomendados. Cada uno de ellos debía pagar ocho pesos de tributo, pero como era imposible conseguir metálico, en cambio debían servir 168 días al año. Y aquí comenzaron los problemas y los abusos.* La gran mayoría de los encomenderos de Cuyo se fue a vivir al otro lado de la "Cordillera Nevada", a Santiago de Chile,

---

* El abuso de trasladar a los aborígenes, desarraigándolos de su tierra y desmembrando su familia, se llamó *"saca de indios"* y fue denunciado desde un principio por las autoridades eclesiásticas y civiles.

en busca de mayores comodidades. Los indios eran obligados a abandonar sus tierras para ir a servir a estos amos muchas veces desconocidos o a otros a quienes sus encomenderos alquilaban por no haber en Santiago indios de servicio.

Cuando Juan de Jufré llegó a ser gobernador de Santiago, mandó a todos estos encomenderos que regresaran a poblar sus casas, pero pocos le obedecieron.

El problema económico era que los productos que se producían en los valles cuyanos eran similares a los chilenos y hasta que no hubo una comunicación más fluida con el Tucumán, y luego con el Río de la Plata, no tenían a quién venderlos. Por eso los encomenderos cuyanos preferían vivir en Santiago y llevar hasta allá los indios de sus encomiendas para explotarlos en sus lavaderos de oro y en los trabajos de campo. Eran la única mano dócil de que podían disponer, ya que los araucanos, como los calchaquíes, jamás aceptaron servir.

Los primeros en reaccionar contra este desarraigo que disminuía a la población huarpe en forma considerable, separando las familias y obligándolos a trabajos excesivos, fueron los vecinos que habían quedado en las ciudades cuyanas. También los obispos protestaron contra estos abusos. Los huarpes comenzaron a huir hacia el sur y con el tiempo llegaron a domesticar el caballo y a pasar a la ofensiva en los famosos malones del sur de Mendoza y San Luis. Esto, sin embargo, no impidió su extinción.

Sin ceder a quimeras de riquezas fáciles, el hidalgo vasco y la princesa india se dedicaron a trabajar sus tierras y formar su hogar. Fueron llegando los hijos: Cristóbal, Eugenio, Elvira, Luciana y Petronila. Juan Eugenio de Mallea compró una fragua y plantó una viña. El clima y la tierra parecían apropiados para la vid. También plantaron, como los demás vecinos de Mendoza y San Luis, fundada en el valle de Conlara, árboles frutales, álamos y sauces. Pronto la tierra recompensaría su esfuerzo.

Antonio Vázquez de Espinoso, un carmelita viajero que

recorrió casi toda América del Sur, dice en una relación de principios del siglo XVII: *"La ciudad de Mendoza cuenta con cuarenta vecinos españoles y mil quinientos indios y está gobernada por un Corregidor (...) la ciudad de San Juan cuenta con veinticuatro vecinos españoles, gente pobre, aunque la tierra en sí es de las mejores y más fértiles del mundo. En ella hay viñas, cañaverales y todas las frutas de España".* Pocos años después, el cronista chileno Rosales describe de este modo las ciudades de Cuyo: *"(...) están a la otra banda de la cordillera y se recuestan en sus faldas. Sus campos participan de la humedad de sus vertientes. Son muy fértiles y tienen grande abundancia de viñas y sementeras, muy copiosas dehesas, árboles frutales de todo género y excelentes frutas (...). Los españoles que poblaron esta provincia plantaron viñas e hicieron trato con el vino llevándolo en carretas a Córdoba, Buenos Aires y Santa Fe, donde no se da sino con mucha moderación (...)".* Con el comercio llegaría también la prosperidad.

Nada más conocemos sobre el matrimonio Mallea-Ascencio. Hay un documento en el cual don Juan, ya viudo, instituye una capellanía perpetua en el Convento de Santo Domingo para que recen por sus padres, por su mujer, por su hijo muerto y por los otros, obligándose a dar por año *"perpetuamente para siempre jamás, doce arrobas de vino de su bodega".*

Lo cierto es que la cacica de Angaco dio al conquistador vasta descendencia en la zona. El miembro más ilustre de ella fue nada menos que Domingo Faustino Sarmiento quien, en *Recuerdos de provincia*, recuerda con cariño y respeto a sus antepasados, español e india.

Isabel de Guevara

Río de la Plata... tierra de espejismos y desengaños. Venidos en pos del brillante metal sólo habían encontrado barro. De barro fueron sus casas, sus apenas insinuadas calles y sus primeras iglesias. Ese barro que, con el correr de los años, forjaría su riqueza, cuando la fiebre de quimeras se desvaneciera frente a la realidad y el trabajo cotidiano arrancara entonces al barro el oro de las primeras espigas.

Pero Don Pedro de Mendoza, el Magnífico Adelantado, estaba muy lejos de esos ideales de trabajo. Sus naves traían rollos de telas preciosas y *"muchos lienzos de ropas de paños de seda"* para desplegar por las calles de la nueva ciudad que venía a conquistar. En su imaginación y la de los hidalgos que le acompañaban persistía el ensueño de encontrar una ciudad como el Cuzco, con maravillosos templos y calles empedradas, que el extremeño Pizarro acababa de descubrir. Nada más distinto de aquello que esto que se ofrecía ante sus desilusionados ojos: costas despobladas, cubiertas de duros pastizales, huérfanas de árboles importantes... apenas unos bosquecillos de talas y espinos se alzaban tímidamente sobre el campo yermo. En cuanto a los seres que habitaban esa región... poco podía esperarse de indígenas salvajes que vivían sin sembrar ni cultivar... sin viviendas fijas... casi sin vestidos...

Aquella expedición había sido una de las más relumbrantes que hasta entonces pasaran a las Indias. Participaban en ella por lo menos veinte hidalgos de importancia, dos o tres caballeros de órdenes militares, varios capitanes de los tercios de Italia, grandes señores venidos a menos y segundones de casas nobles. Entre los soldados, por licencia especial, abundaban los extranjeros: alemanes, ingleses, italianos, portugueses, flamencos... Ni unos ni otros se avenían con el trabajo cotidiano del labriego: habían venido a adueñarse de ricas tierras en nombre del Rey y no a fundar industriosas colonias. El desengaño no pudo ser mayor.

Al contrario de otras expediciones, en ésta se permitía la presencia de mujeres, ya que su destino era poblar. Como siempre, sus nombres son retaceados por los cronistas, pero algunos han llegado hasta nosotros, por propia gravitación o por la de sus amantes. En el primer caso figura Isabel de Guevara, autora de una carta que constituye quizás el testimonio más interesante de la empresa y el único que muestra el punto de vista femenino. En el segundo, la abnegada María Dávila, amante de don Pedro, a quien acompañó en su último viaje, aliviando los terribles sufrimientos de la enfermedad que también ella había contraído. Otra triste circunstancia nos permite conocer más nombres de mujeres: se trata del proceso levantado por el inicuo asesinato de Juan de Osorio. Fue tan injusta la orden de Mendoza de matar a sangre fría y sin confesión a este joven andaluz que nadie dudó en atribuir a este hecho brutal el fracaso posterior de la expedición. Sucedió en Río de Janeiro. Durante toda la travesía Ayolas, alguacil mayor de don Pedro, había fomentado el odio de éste por Osorio con sus acusaciones sobre supuestas rebeldías y dichos contra el adelantado. El andaluz era de genio vivo y sangre ardiente, simpático, fanfarrón, muy apuesto y amigo de mujeres. Mucho debió ser el veneno que destiló el resentimiento de Ayolas para conseguir del melancólico adelantado tan monstruosa orden: *"(...) que doquiera y en cualquier parte que sea tomado el dicho Juan de Osorio, mi maestre de campo, sea muerto a puñaladas o estocadas (...) las cuales le sean dadas hasta que el alma le salga de las carnes (...) por traidor y amotinador (...)".* El lugar elegido para el crimen no podía haber sido más bello. Era el 3 de diciembre, la primavera brasileña en todo su esplendor resaltaba el verde de la selva virgen, la silueta de los morros contra el cielo azul y el resplandor del mar. Sin recelar de nada, el joven maestre de campo había bajado a tierra vestido más para llamar la atención de las mujeres que para una empresa de conquista: con jubón y calzas de raso, coleto recamado con cordón de seda y gorra de terciopelo. Gozando de la paz de la mañana se disponía a pescar cerca de su tienda *"mientras almorzaba una presa de gallina con un poco de bizcocho".* Mendoza, sentado junto al mar, no lejos de allí, rodeado de sus hombres y de su guardia, lo mandó llamar. Se acercó Osorio y *"tirando la gorra, preguntó cómo estaba su señoría".* A una señal de Mendoza, sus sayones lo apresaron y cumplieron la inicua orden sin reparar en su angustioso grito de *"¡confesión!".* Completando el crimen, no permitió que le dieran sepultura. Más compasivos, unos indios del lugar enterraron su cadáver en la playa al pie de un árbol. Mal comienzo para cualquier empresa. En los padecimientos posteriores mucho debieron recordar este momento sus máximos responsables.

Iban también en la expedición catorce sacerdotes y religiosos mercedarios y jerónimos, un cirujano, un boticario y por lo menos un médico, Hernando de Zamora, dedicado especialmente al cuidado del cada día más débil primer adelantado de estas tierras. Venía también, según el "Asiento de gentes y pasajeros (...)", un hermano de Santa Teresa, *"Rodrigo de Cepeda, hijo de Alonso Sánchez de Cepeda y de doña Beatriz de Ahumada, vecinos de Avila",* aquel con quien de niña se escapara a "tierra de moros" para sufrir el martirio, quien iba a terminar sus días acompañando a Ayolas en una ignota selva sudamericana a manos de los indios del Chaco.

Ajenos a estos pensamientos, en los primeros días del

mes de febrero del año 1536, los mil quinientos hombres y mujeres de que se componía la armada desembarcaban con temor y esperanza en el llamado Riachuelo de los Navíos, paraje luego conocido como Altos de San Pedro.

El puerto donde anclaron las naves fue puesto bajo la advocación de Santa María del Buen Ayre, patrona de los navegantes, y en seguida aquel millar de personas puso manos a la obra: mientras la mayor parte de ellos se ocupaba de organizar el poblado con los escasos materiales existentes, otros exploraban los alrededores a pie o a caballo buscando alimentos o quien se los proporcionase. La fauna parecía tan pobre como la vegetación: algunas manadas de venados, ahuyentados por pumas y jaguares, algunos ñandúes, cuyos huevos constituirían un excelente alimento para el afortunado descubridor, y algunas aves y pequeños roedores como cuises y armadillos aptos para ser comidos: ¿podría servir esto como ración diaria para tanta gente? Podrían también haber pescado, pero el hecho era que en esta brillante expedición tan bien provista de armas y lujos habían olvidado el pequeño detalle de traer redes y anzuelos. En cuanto a la caza, era necesario cuidar la pólvora, así que sólo se permitía cazar con ballesta. ¿Dónde estaban los hijos de la tierra que no acudían con su ayuda como había ocurrido en otras ocasiones? Una partida enviada por Mendoza descubrió, por fin, a unas cinco o seis leguas del real, a un grupo de indios canoeros y pescadores que vivían a orillas de otro río. Eran los guaraníes de las islas y habían elegido para vivir aquel lugar sombreado de sauces, ceibos y palmeras, mucho más atractivo que las desiertas pampas bonaerenses: el delta del Paraná. El primer encuentro fue amistoso, y los indios se avinieron a llevarles comida, siempre, por supuesto, que se les diera a cambio algo que los satisficiera. A las dos semanas, seguramente descontentos del canje, no volvieron más. Fue necesario entonces disminuir aún más la ración diaria de harina y empezó el hambre a hacerse sentir. A los pocos meses, rotas las hostilidades con los indígenas en el encuentro de Corpus Christi donde perdieron la vida tantos capitanes españoles, la situación empeoró notablemente por la constante amenaza indígena. Pero algo se había ganado: ahora tenían redes para pescar capturadas a los indios.

Mientras los hombres exploraban el campo ahuyentando indios y jaguares y levantaban las tapias de los ranchos y la empalizada defensiva, las mujeres se esforzaban por cocinar, coser y lavar para todos ellos. ¿Cuántas serían? Cuesta encontrar sus nombres en los documentos: Elvira Pinedo, Catalina de Valdillo, Mari Sánchez, Elvira Gutiérrez... Por eso es tan importante la carta que Isabel de Guevara mandó muchos años después a la princesa gobernadora recordando aquellos tiempos.

Un gran historiador argentino, imbuido tal vez del machismo victoriano de fin de siglo o de su indudable misoginia, pretende minimizar este documento alegando que es imposible a las mujeres *"desempeñar el absurdo papel varonil que allí se describe"*. Pretende también descalificar el importantísimo rol que cumplieron las mujeres de esta expedición compartiendo y mitigando los sufrimientos, al referirse a ellas como *"una que otra moza seguidora, disfrazada de cobijera o ama de llaves"*. Lo perdonamos por ser producto de la mentalidad de su época y porque escribe muy bien y aporta muchos datos, pero no podemos dejar pasar esta crasa injusticia. Vayamos, entonces, al documento que habla por sí solo de la entereza de estas mujeres pobladoras en la aldea sitiada por los indios. La carta, fechada en Asunción el 2 de julio de 1556, es decir, veinte años después de los sucesos, comienza así: *"Muy alta y poderosa señora: a esta provincia del Río de la Plata, con el primer gobernador de ella, don Pedro de Mendoza, hemos venido ciertas mujeres, entre las cuales ha querido mi ventura que fuese yo la una y como la armada llegase al puerto de los Buenos Ayres con mil quinientos hombres y les faltase bastimento, fue tamaña la hambre que al cabo de tres meses murieron los mil. Esta hambre fue tal que ni la de Jerusalem se le puede igualar ni con otra ninguna se*

puede comparar. Vinieron los hombres en tanta flaqueza, que todos los trabajos cargaban en las pobres mujeres, así en lavarles la ropa como en curarles, hacerles de comer lo poco que tenían, limpiarlos, hacer centinela, rondar los fuegos, armar las ballestas cuando a veces los indios les venían a dar guerra (...) dar alarma por el campo a voces, sargenteando y poniendo en orden los soldados. Porque en ese tiempo, como las mujeres nos sustentamos con poca comida, no habíamos caído en tanta flaqueza como los hombres. Bien creerá Vuestra Alteza que fue tanta la solicitud que tuvieron que, si no fuera por ellas, todos fueran acabados; y si no fuera por la honra de los hombres, muchas más cosas escribiera con verdad y los diera a ellos por testigos".
¿En cuántos lugares de América se habrá repetido esta historia sin que ningún cronista la consignara? Observemos también la delicadeza que demuestra el callar muchas cosas que podían dejar mal parados a los hombres, entre los cuales estaba su marido, Pedro de Esquivel. Pero sigamos con la historia que sigue narrando la carta.

Una vez terminado el sitio de Buenos Aires, Ayolas e Irala fueron enviados en busca de tierras más propicias e indígenas más complacientes. Entre tanto, el mal de don Pedro se agravaba, sumiéndolo en una melancolía que acentuaba su sensación de fracaso: sólo ambicionaba partir y despoblar. En contraste con esta actitud, Ruiz Galán, su teniente de gobernador, secundado por hombres y mujeres luchadores, comenzaba a abrir los surcos para plantar maíz, a delinear huertas y a edificar tres iglesias con los restos de las naves viejas. Era la vida en pugna con la muerte. Pero en esa ocasión la muerte pudo más: el 23 de junio de 1537, en la inmensa soledad del mar, el otrora Magnífico Adelantado fue a rendir cuentas ante su Creador. Su última disposición había sido despoblar Buenos Aires. Y desde la recién fundada Asunción, Irala, su sucesor por la muerte de Ayolas, ordenaba que esta disposición se cumpliera, en contra de la voluntad de sus habitantes. *"(...) Quemaron la nao que estaba en tierra por fortaleza y también la iglesia y casa de madera, a pesar del clamor y querella de los pobladores.''* El estuario del Río de la Plata volvía al silencio y al barro.

Entre los frustrados pobladores que iniciaron el viaje por río hacia Asunción estaba Isabel de Guevara, que sigue su carta: *"Pasada esta tan peligrosa turbonada, determinaron subir el río arriba, así flacos como estaban, en entrado el invierno, los pocos que quedaron vivos. Y las fatigadas mujeres los cuidaban y los miraban y les guisaban la comida trayendo la leña a cuestas de fuera del navío, animándolos con palabras varoniles que no se dejaran morir, que presto darían en tierra de comida, metiéndolos a cuestas en los bergantines, con tanto amor como si fuesen sus propios hijos".* La delicadeza de estas mujeres llega hasta buscar distintas formas de cocinarles el pescado, único plato disponible, para que no se cansaran del menú obligatorio: *"Y como llegamos a una generación de indios que se llaman timbúes, señores de mucho pescado, de nuevo les servíamos en buscarles diversos modos de guisados porque no les diese en el rostro el pescado, a causa de que lo comían sin pan y estaban muy flacos. Después determinaron subir el Paraná en demanda de bastimentos, en el cual pasaron tanto trabajo las desdichadas mujeres que milagrosamente quiso Dios que viviesen por ver que en ellas estaba la vida de ellos".* No puede dejar de impresionar la total sencillez con que estas mujeres aceptan el destino de vivir sólo para que otros no mueran, y a tanto llega su deseo de ayudar *"...que se tenía por afrentada la que hacía menos que otra, sirviendo de marcar la vela y gobernar el navío y sondar de proa y tomar el remo al soldado que no podía bogar (...). Verdad es que a estas cosas ellas no eran apremiadas ni las hacían por obligación sino solamente de caridad. Así llegaron a esta ciudad de la Asunción que, aunque ahora está muy fértil de bastimentos, entonces estaba de ellos muy necesitada, que fue necesario que las mujeres volviesen de nuevo a sus trabajos, haciendo rozas con sus propias manos, rozando y carpiendo y sembrando y reco-*

giendo el bastimento sin ayuda de nadie, hasta tanto que los soldados guarecieron de sus flaquezas y comenzaron a señalar la tierra y adquirir indios e indias de su servicio hasta ponerse en el estado en que ahora está la tierra". Salta a los ojos la dignidad de estas mujeres: ellas no se sienten bestias de carga ni seres sojuzgados sino que, en su libertad, eligen dar y ayudar. De otra manera no hubiera sido posible la gesta de la población de América.

Pero la carta no termina aquí. Luego de sacrificar los mejores años de su vida en la empresa pobladora, Isabel se rebela ante la injusticia de que es objeto y no duda en expresarlo: *"He querido escribir esto y traer a la memoria de Vuestra Alteza, para hacerle saber la ingratitud que conmigo se ha usado en esta tierra porque al presente se repartió la mayor parte de lo que hay en ella, así entre los antiguos como entre los modernos sin que de mí y de mis trabajos se tuviese ninguna memoria y me dejaron de fuera sin me dar indios ni ningún género de servicios. Mucho me quisiera hallar libre para irme a presentar delante de Vuestra Alteza con los servicios que a Vuestra Merced he hecho y los agravios que ahora se me hacen, mas no está en mi mano, porque estoy casada con un caballero de Sevilla que se llama Pedro de Esquivel, que por servir a Su Majestad ha sido causa de que mis trabajos quedasen tan olvidados y se me renovasen de nuevo, porque tres veces le saqué el cuchillo de la garganta, como allá Vuestra Alteza sabrá* (¿intentos de suicidio de un hombre deprimido?). *Suplico me sea dado mi repartimiento perpetuo y en gratificación de mis servicios mande que sea proveído mi marido de algún cargo conforme a la calidad de su persona, pues él, de su parte, por sus servicios lo merece. Nuestro Señor acreciente su Real vida y estado por muy largos años. De esta ciudad de Asunción y de julio de 1556 años. Servidora de Vuestra Alteza, que sus Reales manos besa. Isabel de Guevara".*

Nada sabemos de lo ocurrido a Isabel de Guevara aunque quisiéramos creer que sus reclamos hubieran hallado eco en algún justo representante del Consejo de Indias. De todos modos, logró más de lo que se proponía al dejar un testimonio irrecusable de la actuación de la anónima mujer pobladora que, en ocasiones, superó al hombre, sea esto o no del gusto de algún académico historiador.

María de Torres y Meneses

Roma, 1527. El resplandor de los incendios arrancaba reflejos cobrizos a las ocres paredes de la Ciudad Eterna, cuando la horda de lansquenetes flamencos y alemanes, enardecidos por el saqueo, divisó el convento de religiosas. El joven alférez español, seguido por algunos hombres de su compañía, comprendió el peligro y de inmediato arremetió contra ellos impidiéndoles el acceso. El caballeroso gesto pudo costarle la vida, pero la soldadesca, cansada de pelea, prefirió retirarse en busca de botín más sencillo de conquistar. La hazaña valió a este joven de veinte años ser elevado al rango de capitán, y cuando días después el mismo Pontífice quiso recompensarlo, el novel capitán español Francisco de Aguirre pidió la dispensa papal necesaria para poder casarse con su prima, doña María de Torres y Meneses.

Vuelto a su Talavera natal se realizó el casamiento y comenzaron a llegar los hijos... pero el ambiente que se respiraba en la España del XVI no era propicio a la tranquila vida de familia: de Italia, de Alemania y sobre todo, de las misteriosas y lejanas Indias llegaban voces llamando a la guerra, a la gloria y la aventura. Entre sus viñedos y olivares soñaba el hidalgo toledano con lejanos países, hazañas grandiosas y riquezas sin cuento, como las que narraban que había descubierto Hernando Cortés en el fabuloso Tenochtitlán. Y cuando el otro Hernando, hermano de Francisco Pizarro, llegó a la corte con la noticia de haber descubierto y dominado un nuevo imperio, la inquietud de Aguirre llegó a su culminación y decidió, también él, pasar a la nueva tierra de la plata y el oro, que respondía al exótico nombre de "Pirú".

María de Torres estaba esperando su sexto hijo cuando su marido tomó la decisión. No sabemos si habrá consultado con ella ni conocemos las conversaciones previas a la separación. Algo podemos imaginar o deducir por las cartas de sus contemporáneos que vivieron situaciones semejantes. No es extraño que ella se quedara para viajar *"cuando mejor conviniera"*. Pero sale de lo común el hecho de que Aguirre llevara en este viaje consigo a sus dos hijos varones, Hernando y Valeriano, de apenas seis y cinco años de edad, mientras su mujer se quedaba con las tres niñas y el bebé por nacer. Una madre no deja así no más que se lleven a sus hijos tan pequeños a lo desconocido. O pensaba ella seguirlo en breve o pensaba él que la separación era por muchos años y quería tener consigo parte de su familia. Lo cierto es que cuando María volviera a ver a sus hijos no los reconocería ya, en esos mocetones de veintiocho y veintinueve años de edad. Durante esos veintitrés años no pasaría apuros económicos, dado que Aguirre tenía sus haberes en España que le permitieron equiparse convenientemente para pasar a América, y dejaba en Talavera de la Reina otras posesiones que hizo vender cuando se embarcó el resto de la familia.

Había llegado a las provincias del Perú en 1535, según su propio testimonio, *"no desnudo, como otros suelen venir sino con razonable casa de escudero y muchos arreos y armas y algunos criados y amigos (...) metiendo en ellas caballos, armas, esclavos y criados que me servían, para servir en la dicha tierra, y allí estuve más o menos cuatro años, en toda la conquista, ayudando a descercar Cochabamba, donde estaba cercado Gonzalo Pizarro y trabajando en la conquista de los charcas (...) sin sacar de la tierra ningún provecho, sino dando de lo que yo traje de España a los soldados y caballeros que conmigo se juntaban y me conocían".* En 1540 se une en Atacama a Pedro de Valdivia y juntos emprenden el camino a Chile donde, al año siguiente, fundan Santiago de la Nueva Extremadura.

En la lejana casona de Talavera iría recibiendo María, año tras año, las noticias de los triunfos de su marido en Cuzco, en Lima, en Chuquisaca, en Tarija, en la Serena, en Copiapó y en el Tucumán. Guerrero infatigable, y de una fuerza física fuera de lo común, peleó Francisco de Aguirre contra indígenas de cien pueblos y parcialidades: incas, aullagas, chichas, chiriguanaes, araucanos, calchaquíes, lules, omaguacas, ocloyas, apatamas, juríes, tonocotés, diaguitas y comechingones. Los encuentros más tremendos fueron contra los araucanos y contra los calchaquíes. Se cuenta que, después de un combate que duró todo el día, tuvieron que serrucharle la lanza, a los costados de su mano y sumergir a ésta un rato en agua tibia ya que, rígida por el esfuerzo y pegada con la sangre seca, no la podía abrir.

Sola frente a la crianza y educación de sus hijos ¿cómo tomaría, mientras tanto, su mujer desde la perspectiva de sus concretos problemas cotidianos, los relatos sobre las hazañas del padre de sus hijos? Lo proclamaban la primera lanza de Chile. Se comentaba con respeto que, después de haber intentado Valdivia y otros capitanes conquistar el valle de Copiapó sin lograrlo, él había "pacificado" toda la comarca y reedificado La Serena en menos de seis meses, trayendo de a poco los indios a la obediencia y manteniéndolos a su servicio. Se decía que, gracias a su oportuna entrada *"a los llanos de los juríes"*, por mandato de Valdivia, los hombres de Núñez del Prado no habían despoblado El Barco III, convertida por él en Santiago del Estero, a la que reforzó con alimentos, caballos y municiones de guerra. De allí había tenido que volver precipitadamente a Chile requerido por angustiosas cartas donde lo anoticiaban de la muerte de Valdivia. Tan grande era la urgencia que tuvieron que arriesgarse a cruzar la "Cordillera Nevada" en pleno invierno. Se comentaba que era inaccesible a la fatiga y al temor.

Otras noticias debían quizás llegar a los oídos de la esposa abandonada, sustentadas en las propias palabras del ausente. ¿No le habían oído decir que *"en estas tierras es más el servicio que se hace a Dios creando mestizos que el pecado que por ello se comete?* ¿Y sus hijos? ¿Serían criados por las indias "servidoras" de su padre junto con sus medio-hermanos mestizos?

Ajeno a las angustias de su mujer, Aguirre planeaba mientras tanto, con gran visión de futuro, crear pueblos en el valle calchaquí, los llanos de Esteco, el valle de Ibatín, entre los comechingones, junto al Paraná y en la desembocadura del Río de la Plata, preconizando la fundación de las futuras Salta, Talavera de Esteco, San Miguel de Tucumán, Córdoba, Santa Fe y Buenos Aires. Las circunstancias sólo le permitieron refundar Santiago del Estero y fundar en San Miguel, por medio de su sobrino Diego de Villarroel. En sus campañas no buscaba minas de oro sino tierras fértiles, y desde que entró al Tucumán como gobernador en 1553 se preocupó por que se introdujeran en esta provincia animales, árboles frutales y cereales de sus haciendas de Coquimbo y Copiapó. Pero, ¿por qué, si era tan rico y poderoso, no mandaba llamar a su mujer y al resto de su familia? ¿Esperaría a estar asentado, una vez doblegados los indios, para poder entonces dedicarse a su familia y a su hacienda?

Finalmente llegó el día: doña María de Torres y Meneses, junto con sus tres hijas, ya casaderas, y el otro varón, luego de vender sus últimas propiedades, se lanzaron también a la aventura de cruzar el océano en aquellas cáscaras de nuez.

Como pasajeras distinguidas, se les habrá adjudicado un camarote de popa en la segunda cubierta. Allí pasarían la noche y las horas de mayor bochorno, evitando el fuerte sol marino. Por las tardes saldrían a cubierta, vigiladas las jóvenes por su madre, *"porque es muy bellaca la gente de mar"* y porque *"las mujeres jóvenes pierden mucho punto en la navegación de Indias si no son muy cuerdas"*. Seguramente traían buenas provisiones, alertadas por algún viajero experimentado como aquel que aconsejaba a sus hijos: *"Traeréis el servicio de hierro, calderas y sartenes, cucharas y asadores, toda la ropa blanca y lienzo que pudiéredes (...) tres o cuatro libras de azafrán, otras tres o cuatro de pimienta, y clavos y canela; una piernas de carnero hechas cecina, bien curada, y una docena de quesos muy buenos. Y en Sevilla compraréis una docena de jamones de Arocena y algunas aves; y para cada persona que trajéredes, un quintal de bizcocho, que sea blanco y muy bueno, una arroba de aceite y otra de vinagre, una docena de botijas de vino; aceitunas, almendras, pasas, higos, avellanas, nueces, garbanzos, arroz, miel, azúcar y conservas, que todo es menester por la mar"*. También daban los parientes indicaciones precisas sobre el vestido que debían traer las mujeres, sobre todo las hijas casaderas, como era el caso de las Aguirre. Constancia, la mayor, ya estaba casada por poderes con Juan de Jufré, compañero de su padre en la conquista de Chile y futuro fundador de la cuyana ciudad de San Juan. Con mayor razón debía causar en su marido una buena primera impresión, sin contar que gran parte de la dote estaba constituida por vestidos, joyas y adornos.

Si no ha llegado a nosotros la carta de don Francisco con las instrucciones para su cónyuge, que seguramente escribió, algunos detalles de la del rico minero de Tasco, Francisco Ramírez Bravo, escrita en 1582, podrían coincidir con aquélla. Dice allí que le compren a su hija: *"tres vestidos de seda, las basquiñas de terciopelo y raso guarnecidos como se usa, muy pulidos. Para la mar, un vestido de grana (...) y sus dos mantos de seda, finos chapines de terciopelo, sombrero de tafetán pespunteado, con su medalla de oro y sus plumas, su capotillo de damasco negro guarnecido, con su pasamano de oro, que venga muy galano; sus tocados, los que ella quisiere, de suerte que vuestra merced la envíe bien aderezada y galana, porque acá tiene fama de hermosa, y ha de haber muchos a la mira (...)".*

Pero sigamos con el viaje, donde no todo eran rosas. Por mejor que fuera la travesía, existía siempre el temor al huracán, los piratas, la calma chicha o las enfermedades. Por las noches, luego de encendidos los faroles de popa y bitácora, llegaba el momento de la oración. Tripulación y pasajeros cesaban sus actividades y en actitud recogida se unían para alabar a Dios y pedirle buen arribo a tierra firme. Las horas nocturnas eran marcadas por ingenuas cantilenas repetidas por algún paje de a bordo:

"Buena es la que va,
mejor la que viene.
Bendita la hora en que Dios nació.
La ampolleta muele,
cuenta y pasa —que buen viaje faza.
¡Ah, de proa: alerta, buena guardia! (...)".

Durante esas largas jornadas pensaría doña María en lo que dejaba y en lo que iría a encontrar, pero por muy frondosa que fuera su imaginación nunca hubiera podido sospechar los nuevos contratiempos y dolores que la aguardaban.

Para una mujer como ella, habituada a hacer frente a las dificultades, no resultó tan trabajoso como a otras el desembarco en Nombre de Dios, el cruce del istmo de Panamá a lomo de mula por la húmeda selva infestada de mosquitos y el nuevo embarco rumbo al Callao. En Lima, sin embargo, la esperaba el primer disgusto: en vez de los honores debidos a la mujer de tan gran conquistador, el virrey, marqués de Cañete, le ordenaba, cortés pero firmemente, que no prosiguieran hasta La Serena, donde estaban las posesiones de su marido, sino que lo esperaran allí *"diciendo detenerlos para hacerles merced, aunque fue muchas veces requerido por ellos de continuar el viaje"*. Finalmente llegan Aguirre y sus hijos, presos y desterrados. ¿Qué había sucedido? El hijo del virrey, Diego Hurtado de Mendoza ambicionaba para sí la gobernación de Chile que Valdivia había dejado, por testamento, encargada a su teniente Francisco de Aguirre. Primera humillación para el orgullo de esta mujer hidalga. ¿Así premiaba a los fieles conquistadores el representante del Rey? Así pues, los dos primeros años del encuentro se pasan entre pleitos, cartas y protestas hasta que, finalmente, a mediados de 1559, puede la familia viajar a La Serena e instalarse en la casa fuerte de Aguirre en Copiapó, conocida con el nombre de "castillo de Montalván". Con el trabajo de sus indios, dirigidos por él y sus hijos, la finca había llegado a ser el centro de un pueblo de ranchos, huertas y parrales. Además de las faenas agrícolas, Aguirre dirigía desde allí el laboreo de sus ricas minas de oro. Si añadimos a toda esta producción el poder militar de don Francisco que mantenía en su "castillo" una guarnición de pocos pero avezados soldados curtidos en la guerra contra los araucanos, comprendemos la envidia que suscitó en muchos espíritus mezquinos la prosperidad de este auténtico señor feudal hispanoamericano.

Pero su tranquilidad no duraría mucho: en el Tucumán los calchaquíes se han rebelado. Aguirre, que siempre tuviera buen trato con ellos, averigua la razón: han sido humillados por Castañeda, hombre ruin que desconoce las costumbres de la tierra y no sabe tratar a los indios. En respuesta, éstos han asolado las tres pequeñas ciudades fundadas por Pérez de Zurita: Londres, Cañete y Córdoba del Calchaquí. Casi todos los vecinos han sido muertos y la tierra está otra vez en armas. Sólo subsiste, asediada por los indios, Santiago del Estero, pero no será por mucho tiempo si no acuden refuerzos. Es necesaria la presencia de alguien fuerte y experto. El nuevo virrey, marqués de Nieva, no lo duda un momento y nombra a Francisco de Aguirre gobernador del Tucumán. Poco ha podido disfrutar la familia del reencuentro después de una separación de veintitrés años. Otros problemas tuvo por entonces, ya que él mismo asegura en una carta al rey que la tranquilidad ha durado tan sólo siete meses *"que nunca otro tanto tiempo he tenido sosiego ni descanso en estas partes".*

Como en anteriores ocasiones, Aguirre prepara su expedición al Tucumán llevando *"caballos, vestidos, hierro, plomo y pólvora, que es lo que más han menester"*, y gastando más de ochenta mil castellanos en la empresa. En una de la guazabaras matan los calchaquíes a su hijo Valeriano, mientras él y otro de sus hijos son heridos. Su madre recién empezaba a conocerlo cuando la muerte se lo arrebata en forma definitiva. En adelante la buena estrella de Aguirre parece eclipsarse definitivamente: por envidia del presidente de la Audiencia de Charcas, Ramírez de Quiñones, es apresado por un grupo de soldados cuando se disponía a fundar entre los comechingones, siguiendo su plan de poblar un puerto más al sur, *"por do se pudiera ir a España sin peligro de corsarios, en treinta o cuarenta días, así los de esta gobernación del Tucumán como los de Paraguay, los de Chili y los del Perú"*, según afirma en la carta de 1569. Y prosigue: *"(...) y me prendieron a mí y a mis hijos y amigos, y echáronme unos grillos como traidor y nos hicieron mil oprobios, diciendo que el presidente se lo había mandado".* Pero como no había reales motivos para sacar de en medio al rudo conquistador, sus enemigos aprovechan sus maneras bruscas y sus dichos altisonantes para acusarlo de hereje. ¡Sólo eso le faltaba a la cristianísima doña María: que su marido cayera en las garras de la Inquisición! Este episodio es un triste ejemplo de los abusos que se cometen cuando se utilizan las sanciones religiosas con fines políticos. Instituciones como la Santa Inquisición destruyen totalmente el precario equilibrio de las relaciones entre Iglesia y Estado y al mismo tiempo llegan a la aberración de castigar en nombre de Dios con el odio y la violencia. El conquistador con más visión de futuro que hubo en estas tierras fue acusado de los siguientes cargos: *"(...) ha dicho que con la sola fe se pensaba salvar, y que no tuviesen pena (los soldados) de no poder oír misa, que bastaba la contrición y encomendarse a Dios".* (Palabras que, en su caso, revelan confianza en la misericordia de Dios y deseo de consolar a sus soldados ante la imposibilidad de oír misa y confesarse antes de los combates por falta de tiempo o de sacerdotes.) *"(...) Ha dicho que no había otro papa ni rey sino él."* (Esto, de hecho, era cierto, estando como estaban a miles de leguas de esas autoridades.) *"(...) Y diciéndole otras personas que eran terribles las excomuniones y que las debía temer, dijo: 'para vosotros serán terribles, que no para mí' (...) y que había desposado algunas personas diciendo las palabras rituales..."* etcétera, etcétera. Lo absurdo era pretender de un bravo soldado un lenguaje de notario y un raciocinio de teólogo. Llevado a Lima abjuró de sus pretendidas herejías, peleó ante la Inquisición y volvió a Santiago del Estero en 1570, confirmado en su cargo. Entre pleito y pleito, su hijo Hernando se había casado con la hija del licenciado Matienzo, que tanto hiciera con sus escritos para conseguir la fundación de Buenos Aires, influido quizás por su consuegro. No terminaron aquí sin embargo las vicisitudes del matrimonio. El viejo conquistador, ya de sesenta años, no iba a cambiar sus hábitos ni podía pedírsele un comportamiento humilde a esta altura de su vida. Otra vez los espíritus mezquinos e intolerantes se ponen en movimiento y vuelven a amenazarlo con el poder espiritual, a lo que contesta airado: *"¡Que se deje ya el obispo de esas excomuniones, que ya estamos en tierra larga (...)"* y con más sentido del humor que otra cosa, pregunta al religioso que viene a notificarle las nuevas censuras: *"¿Y si yo mato un clérigo, qué pena tendré?".* Finalmente, cansado, y quizás por consejo de su mujer que no veía otra solución, se entrega Aguirre sin resistencia y es conducido nuevamente a Lima. En 1571 estaba otra vez en las cárceles del Santo Oficio. El proceso duró cuatro años. Al cabo de éstos, el visitador Ruiz de Prado, enviado para resolver el conflicto, declara que: *"...por la testificación dicha no se podía prender un hombre; más en particular por la Inquisición, donde las prisiones deben ser consideradas y cuidadas (...) cuanto más a un hombre como éste, que, además de ser un hombre de setenta años, que ha servido mucho al Rey en esta tierra, con gran fidelidad, era gobernador por su Majestad de las provincias del Tucumán, y bien nacido. Y traerle preso por la Inquisición desde aquella tierra hasta aquí, que debe haber más de quinientas leguas, y dejarle secuestrados los bienes, téngolo por caso grave (...). Se le acusó asimismo de otras cosas que no tocaban a nuestra fe ni al fuero de la Inquisición (...)".* Viejos pero no vencidos, Francisco de Aguirre y María de Torres y Meneses, aquellos primos que tantos años atrás se prometieran amor para toda la vida, iban a poder vivir sus últimos años en la paz de su finca de La Serena, rodeados de su numerosa descendencia. ¿Volvería esta mujer a elegir su destino?

Catalina de Placencia

En la historia del Tucumán épico hay un episodio, ocurrido en 1569, cuyos principales protagonistas son dos mujeres, tres niños y un adolescente negro. En su momento estremeció a toda la comarca aunque nadie lo recuerde ahora.

El capitán Juan Gregorio Bazán, hidalgo nacido en Talavera de la Reina, había pasado a las Indias con el licenciado La Gasca, que venía a pacificar el Perú revuelto por Almagros y Pizarros. Su probanza de méritos afirma que, como tantos otros, estaba *"deseoso de adquirir fama y renombre en aquella empresa"*. Vendió parte de su hacienda *"y dejando a su noble consorte e hijas, se embarcó en compañía del presidente (La Gasca), con mucho gasto de su persona y algunos criados que armó a su costa"*. Y ya tenemos acá a otra mujer abandonada veinte años por su marido como lo fuera doña María de Torres. Para mayor paralelismo, ambos cónyuges eran oriundos de Talavera de la Reina y Juan Gregorio era primo de Francisco de Aguirre. Quizás las dos hicieran más llevadera su soledad intercambiando cartas y noticias enviadas desde aquel lugar tan ignoto situado en el sur de América del Sur que sus maridos estaban ayudando a explorar, conquistar y gobernar por la fuerza de sus armas.

Juan Gregorio había partido unos años después que su

primo. En 1545 había llegado a Tierra Firme, bien equipado de armas y criados, como dice su probanza. Comenzó a prestar sus servicios en Nombre de Dios y Panamá, pasó al Perú, donde se destacó en la batalla entre españoles de distintos bandos que se diera en Xaxijahuana en 1548. Entró en el Tucumán con otros dos conquistadores siguiendo las huellas de Núñez del Prado, que ya iba por la fundación de la segunda Barco, y asistió a la tercera. Allí se encontró con Aguirre, su primo, quien al volver precipitadamente a Chile después de fundar Santiago del Estero lo nombró su teniente de gobernador.

Permaneció años *"pacificando la tierra"*, eufemismo con que Felipe II intentó dulcificar el nombre de "conquista", colaborando en la fundación de las primeras ciudades y haciendo trabajar a los indios, única forma posible de conseguir alguna prosperidad. No quería hacer venir a su mujer y a su hija María a un lugar como aquél, en que se carecía de todo. Esperó, pues, unos cuantos años mientras la tierra cultivada por los indios comenzaba a dar sus primeros frutos y el algodón tejido en los obrajes traía a esta pobre región del Tucumán algún bien que se pudiera cambiar por *"mercaderías de Castilla"*. Al ser esta tierra una de las más alejadas de los grandes centros, todo valía más. No es extraño, pues, que recomendara a su mujer traer en su viaje la mayor cantidad de ropa y objetos que los ayudaran a hacer más familiar y cómoda la vida en esa pobre aldea. Doña Catalina recalca en la probanza la cantidad y calidad de su equipaje y los testigos lo corroboran porque sabían muy bien lo que significaban en esos años: *"(...) treinta caballos, muchos de ellos cargados de armas y ajuar y vajilla de oro y plata y otras muchas joyas y preseas de oro y plata (...)"*.

Las *"probanzas de méritos y servicios"* que hacían levantar los conquistadores o sus deudos, tenían su origen en formas feudales de poder. En efecto, el demandante en las probanzas espera todo del señor a quien ha servido con fidelidad de diversas maneras. No pide un sueldo sino una recompensa, y tan justo ve su pedido que considera al rey como su deudor. Muchas veces se tienen más en cuenta los padecimientos sufridos en la empresa que el éxito de ésta, algo también muy medieval. La narración de las hazañas o sufrimientos padecidos en el cumplimiento de sus deberes de vasallos de la corona es corroborada por varios testigos que enriquecen el relato con detalles pintorescos o fundamentales. Es evidente que tales documentos deben ser tomados con juicio crítico: los testimonios están cargados de intencionalidad y con frecuencia se utilizan frases que suenan a fórmula o lugar común. Los testigos, elegidos seguramente entre los más amigos —estaba prohibido que fueran parientes—, deseaban que se recompensara al demandante o a su viuda, hijos o descendientes, aunque hay que tener en cuenta que no podían faltar a la verdad porque se trataba de personas y sucesos públicamente conocidos.

Hecha esta salvedad, podemos ocuparnos de la probanza de méritos de Juan Gregorio Bazán, donde los sucesos que nos ocupan han sido prolijamente narrados por un grupo de vecinos y por un negro esclavo, uno de los ingredientes que la hacen más original. Veinte testigos, a lo largo de cuatro años, participarán en ella. A través de sus testimonios podemos reconstruir esta patética historia.

Habiendo entrado Juan Gregorio Bazán al Tucumán en 1553, se instaló en Santiago del Estero, donde actuó como teniente de gobernador y justicia mayor durante los años más difíciles de formación de la ciudad. Desde allí exploró la tierra, trabó relación con los indios comarcanos y los *"llevó a obediencia"*. Todos lo estimaban por su natural afable y caballeresco y por sus dotes de guerrero y organizador. Cuando Pérez de Zurita se hizo cargo de la gobernación en 1560, lo ayudó a fundar Cañete, en los llanos de Ibatín, donde quedó un tiempo como teniente. Dejó el cargo durante la desastrosa gestión de Castañeda, que produjo la destrucción de las tres ciudades fundadas por Zurita y volvió otra vez con Aguirre, su pariente, acompañando en 1565 a Diego de Villarroel en la fundación de San

Miguel. Dos años después actuó en la fundación de Talavera, en los llanos de Esteco, con el título de capitán y teniente de gobernador, y salió a explorar la tierra. Esta vez se dirigió con cuarenta y tantos hombres *"hacia el nacimiento del sol"* y después de andar más de ochenta leguas descubrió un gran río al que llamaron Bermejo. Muchos años más tarde (1574) cuenta uno de los testigos que *"andando Juan de Garay empadronando la tierra, halló un frasquillo de la gente de Juan Gregorio y una cruz que habían hecho en un algarrobo (...)".*

Una vez cumplida esta jornada, pensó Bazán que era hora de mandar a llamar a su familia. Algunos cambios se habían producido en esos veinte años. Su hija María se había casado, seguramente muy joven, con Diego Gómez de Pedraza y habían nacido ya seis hijos: Juan Gregorio, Esteban, Ana, Juana, Jerónima y María. No le faltaría, pues, ocupación a doña Catalina como abuela.

La llegada de la carta debe haber causado más de un trastorno y no pocas dudas, temores y discusiones. ¿Cómo emprender un viaje tan largo y peligroso con tantas criaturas? Pero si separaba la familia, ¿cuándo se volverían a reunir? Gómez de Pedraza debió tener un espíritu aventurero o grandes dificultades económicas, o estar muy deseoso de emular las hazañas de su suegro pra animarse a emprender tan complicado viaje. Pero su madre, con una visión más realista, insistió hasta que consiguió que quedaran con ella las cuatro niñas hijas del matrimonio. Poco antes de la partida nació doña Francisca Bazán de Pedraza, quien en la feliz inconsciencia de su primer año de vida participaría del azaroso viaje.

En los interrogatorios de la probanza, Francisco Congo cuenta que conoce a doña Catalina desde Sevilla *"donde lo compró Gómez de Pedraza"* y agrega que, según había oído decir *"su marido estaba en cierta conquista, ganando de comer para ellas y que ellas querían venir en su busca porque tenían ciertas cartas de él para que se vinieran".*

Las Bazán, Gómez de Pedraza, los niños y algunos criados, entre quienes estaba el negrito Francisco, de 15 años de edad, tuvieron la suerte de viajar en compañía del virrey del Perú, don Francisco de Toledo, por lo que suponemos que no les debe haber faltado nada en el cruce.

Enterado Juan Gregorio de su llegada, subió a buscarlos a Lima, a fines de 1569. Doña Catalina y su hija debieron quedar impresionadas con el fasto de la corte virreinal y el lujo que derrochaban los "peruleros" en vestimentas y tren de vida. Admirarían también, en el camino, las monumentales obras realizadas por los Incas y mirarían con curiosidad a las "ñustas" y "coyas", con sus ricos vestidos, hasta llegar al Cuzco, el "ombligo del mundo", donde se destacaba el templo del sol, convertido en iglesia matriz... Llamarían su atención las paredes ciclópeas, el colorido movimiento de los indios, negros y mestizos que pululaban por las calles ofreciendo sus mercaderías o sus servicios como criados o artesanos... Todo era una novedad para ellas y sus acompañantes.

Juan Gregorio, que habría vendido hacienda o tejidos hechos por sus indios para disponer de dinero con que festejar el acontecimiento, no sería reacio a comprar a su mujer, hija y nietos, lo que pudiera complacerlos. Todo esto, más la platería comprada en el Potosí, sería robado, destruido, depredado...

Ya habían andado la parte más dura, cruzando la tierra de los charcas y las regiones de la Puna. Seguían el antiguo camino del Inca que entra a los llanos del Tucumán atravesando la quebrada de Humahuaca. Al tranco lento de sus mulas y caballos avanzaban maravilladas por los cerros de colores, por los cielos diáfanos y las noches llenas de estrellas. Cielos distintos, luna distinta, vegetación distinta: escasa, achaparrada y espinosa. Casi ningún animal... casi ningún rastro humano... Así hasta llegar al río Ciancas vecino a la aldea de Purmamarca.

Habían entrado en un monte muy espeso, dificultoso al andar de los caballos. Cuando quisieron darse cuenta una lluvia de flechas caía sobre ellos en medio de gritos de odio y aullidos que helaban la sangre. Los españoles reaccionaron, pero eran pocos. Aceleradamente, dando voces, improvisaría Juan Gregorio la defensa: ante todo, que las mujeres y los niños huyeran acompañadas del negro y de algún otro. Ellos distraerían la atención de los atacantes y procurarían alejarlos. Aterradas las mujeres no podían reaccionar. ¡Qué distintos estos indios de guerra de los pacíficos indígenas que los acompañaban! Las caras pintadas de negro y rojo les daban un aspecto feroz y a una velocidad increíble tiraban flecha tras flecha mientras otros revoleaban sus hondas, casi tan mortíferas como aquéllas. Bien pronto se dieron cuenta los acompañantes de que la lucha era desigual y que Bazán, con el escaupil* cubierto de flechas, no tardaría en morir. Tremendo dilema para su yerno. ¿Acompañaba a su mujer y a sus hijos o seguía peleando? Manuel de Acuña, uno de los testigos de este dramático momento, cuenta cómo sucedieron los hechos: *"(...) este testigo se halló presente cuando el dicho Juan Gregorio Bazán estuvo caído, herido de flechas, en un monte muy espeso donde peleó como muy buen soldado (...) queriendo huir el dicho Diego Gómez de Pedraza con su mujer, suegra e hijos que habían echado adelante, por ver la gente ya perdida y desbaratada y a su suegro en manos de indios, casi muerto, le dijo un Sancho de Castro: '¡Señor Diego Gómez de Pedraza, vuestra merced es caballero, vuelva, no huya!'. Y a esto respondió y dijo: '¡Yo caballero soy y no voy huyendo!'. Y diciendo esto se apeó de su caballo y dijo: 'Aquí moriré como caballero'. Y queriendo defender a su suegro que estaba perdido, luego le mataron los indios (...)".* Pocos episodios describen mejor la mentalidad española del siglo XVI como este de nuestra pequeña historia colonial. Pero no terminan aquí los prodigios y desventuras.

* Especie de chaleco acolchado con algodón que utilizaban los soldados españoles como defensa contra las flechas, desde el descubrimiento de México.

Los demás hombres acompañantes, viendo que nada podían hacer *"a pata de caballo escaparon"*. Un indio yanacona llevaba a grupas a Juan Gregorio, el mayor de los niños, de unos 8 años. Es probable que en la confusión hayan perdido de vista a las mujeres y después no las hayan podido encontrar. Lo cierto es que, llegados a Talavera, dieron la triste nueva, para consternación de todos, de que toda la familia Bazán había perecido.

Mientras tanto doña Catalina y doña María, que llevaría en su cabalgadura a su otro hijo, y el negro Francisco, llevando en brazos a la pequeña de un año, huían sin saber a dónde por una tierra desconocida que de golpe se había vuelto hostil. Según contaron después, los indios las siguieron *"durante cuatro días con sus noches, sin reposar ni parar (...). Y no les hicieron más* —fanfarronea el esclavo— *porque este testigo echaba mano a una espada que traía e les amenazaba diciendo que no se llegasen a ellas porque les había de matar (...)"*. Debió ser muy curioso para los omaguacas, que tales eran los atacantes, ver este extraño grupo; probablemente era la primera vez que veían un negro, y la actitud resuelta del muchacho debió asombrarlos. Es probable que los estuvieran siguiendo para espiarlos. Y aquí llegamos a lo maravilloso del relato. Oigamos con la naturalidad que lo cuenta doña Catalina: *"(...) nos escapamos huyendo de la dicha guerra en solos los caballos y mulas en que veníamos, con un negro que se llama Francisco Congo, llevando sólo lo que traímos vestido, siendo la dicha doña Francisca niña de leche. Y sin traer de comer vinimos por cincuenta leguas de indios belicosos, de guerra, desde Purmamarca hasta la ciudad de Nuestra Señora de Talavera, perdidos, fuera del camino, comiendo raíces y viendo muchos indios de guerra cerca nuestro, que no nos hacían mal (...) y después decían los dichos indios que había una figura blanca en el aire que los espantaba y amenazaba..."*. ¿El apóstol Santiago? Doña Catalina sólo lo insinúa, quizás por consejo de algún sacerdote poco amigo de visiones, pero el negro Francisco es mucho más explícito y afirma en su testimonio: *"(...) que vio este testigo y las dichas mujeres un hombre caballero en un caballo blanco, que no conocían quién era y creían que era un Pedro Gómez de Balbuena que había escapado del desbarate huyendo y que solía venir en un caballo rucio, y por creer que era él, todo el camino le iban dando voces llamándolo y diciéndole: '¡Aguarde, don Pedro Gómez, espérenos y socórranos de estos enemigos!' (...) Iba siempre adelante guiando, como a un tiro de arcabuz, y no lo podían conocer bien. Pero este testigo entiende que era el bienaventurado Santiago (...)".* Y para hacernos imposible el argumento racional añade que no podría nunca haber sido Pedro Gómez porque éste, *"a toda prisa y sin parar"* había llegado a la ciudad de Talavera con los demás acompañantes. Los demás testigos, al llegar a este punto, se limitan a decir que es sabido por todos, como algo público y notorio, ser cierto lo que allí se dice, pero ninguno, con excepción del negro, se anima a contarlo con sus palabras. Aunque las circunstancias sean medievales, las mentalidades ya no lo son. Pero siempre quedan algunos resabios... Lo cierto es que con Santiago, con Pedro o con Francisco, la Providencia los salvó, no sólo del peligro indígena sino del otro peor de morir de hambre y sed, perdidas en las desmesuradas distancias que las separaban de cualquiera de las islas urbanas levantadas por sus compatriotas. Otro milagro fue que las encontraran cuando finalmente decidieron los de Talavera salir en su busca. También a esta decisión se sumó un elemento maravilloso: llegados los primeros sobrevivientes a Talavera de Esteco, dieron la triste noticia que causó consternación por ser los Bazán muy queridos. Sobre todo una mujer, María Tapia, que conocía a doña Catalina y doña María por ser paisana de la Talavera de España, lloraba inconsolablemente, cuando se le acercó su hijo de dos años, y —dice la probanza— *"milagrosamente habló el niño de teta y dijo: vayan por aquellas señoras, que no son muertas".* Suponemos que también pesaría en los ánimos el llanto y súplicas de Juan Gregorio que, contra lo que decían los demás, afirmaba que su familia estaba viva y que los fueran a buscar. A veinte leguas las encontraron *"esperecidas de hambre, que ya no podíamos comer"*, y las llevaron a Talavera para que reposaran allí algunos días antes de seguir para Santiago. Mientras tanto, no lejos de allí, don Francisco de Aguirre era llevado prisionero por segunda vez a las cárceles de Lima. El Nuevo Mundo no se estaba mostrando muy propicio a sus nuevos pobladores. Dejar Talavera de la Reina, donde por más mal que le fuera estaba entre sus amigos y familia y participaba en la vida de esa España en sus momentos más gloriosos, para llegar a Talavera de Esteco, en el fin del mundo, habiendo perdido al marido recién recuperado, al padre de sus nietos y todas sus pertenencias, parecía una burla cruel del destino. No lo pensaba así doña Catalina, fiel exponente de esa piadosa generación que veía en todo la voluntad de Dios. *"Nuestro Señor sabe la pena que con tales nuevas yo recibí, mas como son cosas que no pueden dejar de ser, no hay más que dar gracias a Nuestro Señor"*, escribe un contemporáneo en parecidas circunstancias. Esta resignación, sin embargo, no le iba a impedir luchar por lo suyo cuando fuera necesario. Por el momento había que pensar en dar cristiana sepultura a los muertos. Y quiso el destino que fueran los mismos soldados que acompañaban a Aguirre los que, a la vuelta, encontraran los cuerpos sin vida de sus parientes. Al saberlo el teniente de gobernador Nicolás Carrizo, amigo y compañero de Juan Gregorio, hizo traer los restos a Talavera y luego a Santiago del Estero. En la iglesia catedral de la ciudad que había ayudado a construir pudo por fin descansar el infatigable guerrero.

Quince años después de su muerte recuerda todavía Gaspar Rodríguez, uno de los que descubrieran los cuerpos, la cantidad de objetos y *"mercadería de Castilla"* desparramados por los alrededores: *"(...) por el camino y el campo había mucha cantidad de hacienda de la que los susodichos traían, como ser herrajes, jabón, especias, papel, hierro y frenos, zarzaparrilla y otras cosas que los in-*

dios que los mataron habían echado por ahí... y yendo después de algunos días este testigo entre los indios de aquella comarca, andando en la guerra con el gobernador Gonzalo de Abreu, vio en poder de los dichos indios muchas mantas tejidas de lana con listas de seda (...)". También el capitán Alonso Abad recuerda haber visto, tiempo después: *"(...) unos pantuflos de lana y terciopelo y una daga, e hilo portugués del rico, que este testigo quitó a los dichos indios (...)".* Todos estos objetos, que servirían a la familia para *"vivir conforme a su condición"*, eran casi imposibles de reponer en esos años.

Finalmente llega a doña Catalina el momento de pedir al rey la recompensa por tantas fatigas y a la vez *"descargar la real conciencia"* de la deuda que con ella y su familia tiene. Muerta su hija María, ha perdido la encomienda de indios, con cuyo trabajo vivía toda la familia; está vieja y enferma, con nietos y bisnietos a su cargo y quiere que se le haga justicia. Manda entonces hacer la probanza: *"(...) para informar de los servicios de mi marido a su Majestad y suplicarle nos haga mercedes, quiero hacer información porque los testigos que lo saben son muy viejos y están enfermos y se podrían morir en breve y yo soy mujer pobre y no puedo ir ni enviar a la Real Audiencia de la Plata, por ser de más de ochenta años, a pedir provisiones para hacer dicha información como su Majestad manda (...)".* Exagerando, sin duda, afirma más adelante que *"(...) hemos padecido y padecemos mucha hambre, desnudez y necesidad por ser muchos y sustentar mucha casa y familia y dos yernos y nietos y bisnietos y no se compadece que, por haberse encomendado los indios que ganó mi marido en otras personas, mereciendo muchos más, muramos de hambre (...) y su Majestad está obligado a nos hacer merced y nos alimentar bastantemente pues, en el tiempo que mi marido le sirvió, gastó más de cincuenta mil pesos de oro de su patrimonio y otras haciendas en sus conquistas y batallas y sustento de las dichas ciudades (...)".*
Doña Francisca, aquella bebita rescatada por el negro Fran-

cisco Congo, se había casado con Alonso de Tula Cervín, conocido escribano del Tucumán, y Esteban vivía con su tío el licenciado Gabriel de Pedraza, abogado y vecino del Cuzco. Toda gente de "lustre". Es evidente que doña Catalina exageraba, pero no podemos dejar de tener en cuenta que sin las encomiendas esta gente que vivía de la guerra y aún no había descubierto los beneficios del comercio, o lo miraba con malos ojos por no ser cosa de nobles, no tenía otra fuente de ingresos. Los indios cultivaban las chacras, tejían en los obrajes, cuidaban el ganado, ayudaban en las construcciones y en las tareas domésticas y eran, en fin, la verdadera "riqueza de Indias". Por eso cuando el mestizaje, la huida y las muertes en guerras y enfermedades diezmaron las poblaciones indígenas, sólo salieron adelante aquellos que, con un criterio más progresista, habían sabido aprovechar la coyuntura que les brindaba el prodigioso crecimiento del Potosí y se habían dedicado al comercio, directamente o por medio de apoderados.

Pero estamos hablando ahora de otro momento, el momento épico de la conquista, cuando a cada paso se jugaba la vida y se invocaba a Santiago en las batallas. Y fue en estos tiempos heroicos cuando sucedió esta historia en la que los niños salvaron a las mujeres, amparadas por un negro esclavo. Por primera vez en una gesta los pequeños y humildes fueron los protagonistas.

*Mencia Calderón de Sanabria**

Corre el año 1550. Hasta el rey han llegado las noticias de la vida licenciosa que hacen sus vasallos en la ciudad de la Asunción: *"(...) es tanta la desvergüenza y poco temor de Dios que hay entre nosotros* —confiesa en una comunicación Jerónimo Ochoa de Eizaguirre— *en estar como estamos con las indias amancebados, que no hay Alcorán de Mahoma que tal desvergüenza permita; porque si veinte indias tiene cada uno, con tantas o más creo que ofende, que hay hombres tan enceguecidos que no piensan en otra cosa (...)".*
Alvar Núñez Cabeza de Vaca, que había intentado poner un poco de orden cuando llegó como adelantado, fue devuelto con cadenas a la metrópoli. Los expedicionarios de Mendoza consideraban que había llegado la hora del desquite y se sentían plenamente justificados después del hambre y las penurias de todo tipo que habían sufrido en el puerto de Buenos Aires. Finalmente aparecían las tierras esperadas, que si bien no eran ricas en metales lo eran en mujeres bellas, trabajadoras, sensuales y complacientes. *"(...) Estas mujeres son muy lindas y grandes amantes,*

---

* Muchos datos de este capítulo, que no están en bastardilla, han sido extraídos de la obra de Josefina Cruz, *Doña Mencia la Adelantada*, Buenos Aires, 1960.

afectuosas y muy ardientes de cuerpo, según mi parecer", aseguraba Ulrico Schmidl en su crónica. Y es en una carta anónima de la época donde por primera vez aparecerá la comparación de las tierras paraguayas con el Paraíso, pero no con el místico Paraíso Terrenal que había creído encontrar Colón en Venezuela sino con el más pagano de Mahoma, pródigo en placeres sensuales: *"Es ésta la más regalada tierra de comidas, carnes, cazas, pescados y frutas y cosas de azúcar y miel que se pueden pensar, y es llamada por el vulgo, Paraíso de Mahoma".*

En verdad la poligamia, practicada en toda América mucho antes de la llegada de los españoles, era muy fuerte entre los caciques guaraníes, que tenían tantas concubinas como pudieran mantener, llegando algunos a veinte o treinta. Ruy Díaz de Guzmán, el mestizo historiador, atribuye la intensidad del mestizaje en esta zona a la reacción de los caciques luego de la sangrienta represión del levantamiento guaraní de 1539. Denunciado por una india servidora de Juan de Salazar, la sublevación fue abortada en sus comienzos y los culpables ahorcados y descuartizados. Después de esto los caciques ofrecieron voluntariamente sus hijas y hermanas a los capitanes españoles para que les sirviesen *"(...) estimando por ese medio tener con ellos dependencia y afinidad, llamándolos a todos cuñados (...)".* Y del Barco Centenera, en su pedestre forma de versificar cuenta que: *"Salazar y los otros que bajaron / poblaron en el puerto muy gozosos / comenzaron a hacer a puja hijos / y a entregarse a deleite y regocijos. / El guaraní se huelga en gran manera / de verse emparentar con los cristianos / a cada cual le dan por compañera / los padres y parientes más cercanos."*

Este estado de cosas no podía agradar mucho a la Corona. Escandalizado e indignado por el trato de que fuera objeto, Alvar Núñez había levantado una probanza muy desfavorable a Irala y a cuantos gobernaban las cálidas tierras asunceñas. A esto se sumaban las cartas e informaciones de los propios pobladores, como la que el capitán

Alonso Riquelme de Guzmán escribe a su padre con cierta ironía: *"(...) estos son guaraníes y sírvennos como esclavos y nos dan sus hijas para que nos sirvan en casa y en el campo, de las cuales y de nosotros hay más de cuatrocientos mestizos entre varones y hembras; porque vea vuestra merced si somos buenos pobladores, lo que no conquistadores (...)"*. Poco después —la carta es de 1545—, este capitán se casaría con Ursula, una de las hijas mestizas de Irala, y sería padre del ya mentado cronista Ruy Díaz de Guzmán.

Justamente por los años que nos ocupan —1550— ocurrió el singular hecho de que cuatro hidalgos españoles se casaran con cuatro mestizas hijas de Irala y de cuatro servidoras indias. Se dice que fue el padre Francisco de Andrada, amigo de Irala desde la expedición de Mendoza, quien le inspiró la idea de trocar la pena de muerte que esperaba a los cuatro cabecillas de un motín en un enlace que sería símbolo de unión entre españoles e hijos de la tierra a la vez que de obediencia a su suegro, gobernador de Asunción. Gonzalo de Mendoza, cuarentón originario de Baeza, Riquelme de Guzmán y Francisco Ortiz de Vergara, ambos jóvenes y andaluces y el vasco Pedro de Segura Zavala, casaron respectivamente con Isabel, Ursula, Ginebra y Marina, hijas de Domingo de Irala... y de la tierra. Ellas apenas habían llegado a la pubertad y jamás habían hablado con sus novios. Cuentan sin embargo que no les fue tan mal y que su abundante descendencia se multiplicó en la región del Plata.

Mientras esto sucedía en el paraíso de Mahoma, en España se estaba preparando la expedición más original que hasta entonces cruzara el Atlántico: no sólo participarían en ella mayoría de mujeres sino que la principal responsable de ella sería una mujer. ¿Cómo había sucedido este milagro en el siglo XVI? En realidad, la Capitulación se había firmado hacía ya dos años entre el Consejo de Indias y don Juan de Sanabria, quien iría como adelantado a esas tierras que tantos sinsabores habían traído a la Corona, como lo escribiera desde el puerto de Buenos Aires el clérigo Luis de Miranda:

> *"En las tierras del poniente*
> *es el Río de la Plata,*
> *conquista la más ingrata a su señor..."*

Primero el hambre, los ataques de los indios y la despoblación... ahora la anarquía de costumbres, el relajamiento de la moral, la abundancia de mestizos y las peleas entre los pobladores de esa Asunción que parecía escapárseles de las manos... sin contar con las intenciones expansionistas de un Portugal muy vecino y muy emprendedor. Para colmo de males la imprevista muerte de Juan de Sanabria había demorado los planes. Y es aquí cuando surge la figura de doña Mencia Calderón, su viuda. Madre de cuatro hijos, esta mujer emprendedora y valiente había comenzado a reunir en su Extremadura natal el grupo de paisanas, casadas y doncellas que pedía la Corona para poblar en el Río de la Plata. Se suponía que su presencia pondría un freno a las licenciosas costumbres, calmaría los ánimos inquietos y llevaría un poco de austeridad castellana a la paganizada ciudad de Asunción y a las que se pensaba fundar en el futuro.

Incentivada por estos propósitos, doña Mencia, que desde el principio había adoptado un papel activo en la empresa, viéndola como algo que atañía tanto a ella como a su marido, pidió al marqués de Modéjar, presidente del Consejo de Indias, continuar a la cabeza de tan peculiar cruzada. Para salvar las formas, su hijo Diego, de apenas dieciocho años, sería el titular, pero todos sabían que la verdadera adelantada del Río de la Plata sería ella, doña Mencia Calderón de Sanabria. La secundaba un importante personaje, Juan de Salazar, el fundador del fuerte de Asunción, gran conocedor de la zona y de sus habitantes, que iría con el cargo de Tesorero Real. En una carta dirigida al príncipe Felipe, dos años después declara: *"Yo partí de*

San Lúcar de Barrameda el año cincuenta, por capitán de una nave y dos carabelas; dentro de ellas venían (...) cincuenta mujeres casadas y doncellas para poblar la tierra. Mandaba Vuestra Alteza, por su Consejo Real de Indias, que trajera esta gente y señoras y las mujeres doncellas al Río de la Plata y la entregase toda al gobernador."

El 10 de abril de 1550 zarpaba, por fin, parte de la armada de Sanabria, ante numeroso tropel de gente, que no quería perderse un embarco de tantas mujeres, algunas muy jóvenes y muchas *"muy principales"*. Aquello tenía algo de fiesta y de romería por el colorido de los vestidos, las risas y coplas de despedida conque el optimismo de la juventud y el gracejo de la mujer española saludaban el comienzo de la aventura. Nadie podía imaginar en ese momento que el viaje iniciado tan alegremente iba a llegar a su destino ¡casi seis años después!

Casi todas las mujeres iban con doña Mencia y sus hijas en el patache *San Miguel*, la nave capitana, guiada por el experto piloto Sánchez de Vizcaya y comandada por Salazar. En otra nave iba el capitán Francisco Becerra con toda su familia: su mujer doña Isabel de Contreras y sus hijas Elvira e Isabel de Becerra. La tercera nave, a cargo de Juan de Ovando, no llegaría nunca a destino.

Llegando a Las Palmas, el *San Miguel* vivió un episodio singular que pudo haber terminado con la expedición. Acababan de cargar la nave con reservas de agua y fruta fresca cuando apareció un bergatín de corsarios franceses. Viendo su inferioridad, los españoles decidieron parlamentar con ellos y, si no llegaban a nada, perder sus vidas en la pelea antes que dejar a las mujeres en manos de los piratas. De pie en cubierta, rodeada por todas ellas, doña Mencia parecía una leona dispuesta a defender a sus cachorros. Nunca sabremos si fue esta imagen o la dialéctica que supo desplegar el escribano Flores de Burgos o la actitud decidida de Salazar y Hernando de Trejo apuntándoles con toda la artillería lo que movió al corsario francés a conformarse con entrar a saco pero respetar a las mujeres, como había quedado convenido. No respetó la muerte, en cambio, a la hijita menor de doña Mencia, fallecida durante los terribles meses de calma chicha que debieron soportar antes de llegar a las costas del Nuevo Mundo.

El 16 de diciembre de 1550, a nueve meses de la partida, llegó el *San Miguel* a la isla de Santa Catalina. Allí los esperaba ya la nave de Francisco de Becerra. Terminaban los peligros de la mar... pero comenzaban los de tierra. Apenas recuperadas las fuerzas con el descanso al sol, los baños de mar y los cocos, piñas y otras variedades tropicales de fruta fresca que crecían en abundancia, la amenaza de una gran ofensiva de los tupíes les hizo dejar la isla con la intención de buscar refugio en tierra firme, en un lugar llamado Mbiazá, donde existía un puerto más fácil de resguardar. El *San Miguel*, sin embargo, estaba tan averiado por la larga travesía, que hubo que echarlo a pique. Sólo quedaba la nave de Becerra, que debería llevarlos por tandas hasta el reparo del Mbiazá.

Mientras se disponía el embarque y desembarque, Juan de Salazar y doña Mencia convinieron en mandar al joven capitán Cristóbal de Saavedra, acompañado de cuatro tripulantes veteranos, a presentarse ante Irala en Asunción para anunciar la llegada y pedir ayuda. Las cuatrocientas leguas de selva que los separaban no eran obstáculo para estos duros extremeños, como no lo habían sido años antes para el adelantado Cabeza de Vaca. Pero el destino parecía ensañarse con la expedición de doña Mencia: en el último cruce desde la isla hacia tierra firme la nave de Becerra, arrastrada por el viento, se hizo pedazos contra las rocas. Desde la costa, los demás tripulantes asistieron impotentes al naufragio. Entre los que no regresaron estaba el capitán Becerra.

Un año debieron esperar en Mbiazá, hasta construir un bergantín con los restos de las naves. Las mujeres ayudaban en todos los trabajos que podían, especialmente en coser las velas desgarradas, juntar leña para el fuego y preparar la comida. El cálido sol, la exuberante vegetación y la brisa marina, rica en sal y en ganas de vivir ayudaban a que la vida triunfara sobre la muerte acercando a las naturalezas y propiciando los encuentros amorosos. Ante fray Bartolomé, franciscano que junto con el padre Fernández Carrillo atendía las necesidades espirituales de la expedición, se realizó la unión entre María de Sanabria, de apenas quince años, y el capitán Hernando de Trejo. Nueve meses después, en una choza de la precaria aldea nacería Hernando de Trejo y Sanabria, el primer obispo criollo, fundador de la Universidad de Córdoba en unión con los jesuitas. También debió haber comenzado en esta aldea el entendimiento entre la viuda de Becerra y don Juan de Salazar; llegarían a su destino convertidos en matrimonio. América no era tierra para viudas. No sólo por motivos sentimentales sino también por los de orden práctico casi todas las mujeres españolas y criollas durante el siglo XVI se casaban dos y hasta tres veces: por la escasez de mujeres y por resguardar sus encomiendas u otros bienes.

El bergantín, llamado *La Intrépida* fue botado ante la emoción general. Ya podían abandonar el Mbiazá y buscar un lugar más apto para la fundación que debía hacerse en esas costas con el fin de marcar los límites de la línea de Tordesillas, según se había capitulado. Las condiciones para levantar un poblado no eran sin embargo las más óptimas: todo el hierro y madera disponible habían sido usados en la construcción de *La Intrépida*; no tenían semillas para sembrar, las ropas de todos estaban hechas jirones, y la pólvora escaseaba. Gracias a Dios, el clima era benigno y la naturaleza hospitalaria.

Muy cerca del lugar elegido, llamado puerto de San Francisco, estaba la isla de San Vicente, de jurisdicción portuguesa. Las relaciones entre ambos países eran buenas, a pesar de los constantes intentos portugueses por burlar los límites impuestos en el Tratado de Tordesillas. Hacia allá se embarcó el capitán de Salazar para comprar semillas, ropas, alimento, pólvora y cuanto pudiera hacerles falta.

Thomé de Souza, gobernador de la Capitanía portuguesa

de San Vicente, al enterarse de que en la expedición había tantas mujeres, se ofreció a alojar en su isla paradisíaca a toda la expedición hasta que recobraran fuerzas. A doña Mencia, más suspicaz que el rudo guerrero que era Salazar, no terminaba de gustarle tan generoso ofrecimiento. Tenía, además, para argumentar, dos razones de peso: su hijo Diego de Sanabria, el que llevaba el título de adelantado, debía estar por llegar al Río de la Plata y no podían abandonar el "Sitio de San Francisco" dejando sin cumplimiento una importante cláusula de la Capitulación. Pero tampoco podían despreciar la ayuda que tanto necesitaban, sobre todo ahora que comenzaban a formarse nuevas familias. Las mujeres que tanto habían confiado en ella al abandonar sus hogares extremeños y de otras regiones tenían derecho a algo más que sobrevivir. Pidió entonces consejo a Hernando de Trejo, quien al casarse con su hija María había pasado a ser alguacil mayor del Río de la Plata como estaba estipulado. Este fue de la opinión de dejar en simbólica custodia del "Sitio" a cuatro arcabuceros y levantar "acta de posesión" en nombre del Rey antes de partir. Cumpliendo las fórmulas de rigor, y con la mayor solemnidad posible, el alguacil mayor, ante el infaltable escribano y toda la concurrencia, arrancó pastos con su espada, tiró unas cuantas estocadas al aire y proclamó tomar en posesión el lugar. Había llegado mientras tanto la urca portuguesa para ayudar al traslado de las señoras. Después de una corta travesía apareció la isla como un vergel florido. Sus casas de madera pintadas de vivos colores, las verdes plantaciones de caña de azúcar y los trapiches atendidos por gran cantidad de negros e indios esclavos eran las primeras señales de vida civilizada que veían en más de dos años. Más aún los admiró el recibimiento que el gobernador había dispuesto: silla de mano para las señoras principales, gran comida en la "Casa Grande" del gobernador, con carnes asadas, aves, pescados, mariscos y toda clase de frutas y verduras. Sin olvidar los riquísimos vinos de Oporto. Por primera vez probaban el dulce de guayabas, las castañas de cajú y los deliciosos jugos de fruta. Las mujeres, sobre todo las más jóvenes para las que todo era novedad, creían haber llegado al Paraíso, ganado a costa de tantas privaciones. Les fascinaba volver a ver ropas finas y joyas como las que profusamente lucían las damas y caballeros portugueses, los objetos de lujo que adornaban las habitaciones y la numerosa servidumbre que las atendía. Terminada la cena, se improvisó un concierto que llenó a todos de nostalgia... Era demasiado bello para ser verdad...

Al tiempo comprenderían que Thomé de Souza había preparado a sus vecinos una jaula dorada para impedirles poblar en San Francisco, pues ese mísero poblado contrariaba los planes de expansión del reino de Portugal. Se les impediría partir y no tendrían cómo escribir a España para reclamar por la situación.

Doña Mencia, que no era mujer para aguantar tamaña burla, increpó duramente al gobernador, retirándose con todas las mujeres a una vieja construcción abandonada, suspendiendo el trato directo con los portugueses y rechazando todo tipo de ayuda. En todo el vigor de sus treinta y ocho años, esta brava viuda no iba a dejarse avasallar tan fácilmente. La suerte les sonrió en la persona de nuestro conocido lansquenete Ulrico Schmidl, que acertó a pasar por la isla de paso para su tierra natal, a la que volvía después de largos y azarosos años. Irala había recompensado generosamente sus servicios, prestados en la exploración y conquista del Río de la Plata, y ahora pensaba embarcarse rumbo a Europa en un barco portugués. Juan de Salazar, su viejo compañero de aventuras aprovechó entonces para escribir su larga relación al rey, que llegó a destino junto a una carta de doña Mencia escondida en el caño del arcabuz de Schmidl.

Otro encuentro inesperado tendría Salazar poco tiempo después: el capitán portugués Ramalho y sus hombres habían encontrado medio muerto en la costa a Ruy Díaz de Melgarejo, que había podido escapar milagrosamente de los tupíes. También Melgarejo demostró gran asombro al encontrar en la isla portuguesa a tantos compatriotas suyos. No podía sacar los ojos de las mujeres españolas: desde que llegara a esas tierras con el adelantado Alvar Núñez, en 1542, no había visto más españolas que las sufridas pobladoras de Buenos Aires, que ya tenían sus años. Doña Mencia, impaciente por saber detalles de esa Asunción que parecía cada vez más lejana y de ese mítico Irala a quien los indios llamaban con respeto "Caraiguazú", interrogó ansiosamente al recién llegado. Trató éste de explicar los complicados disturbios que dividían a los asunceños entre "tumultarios" y "alvaristas", contrarios estos últimos a Irala, y mucho preocupó a la adelantada saber la saña con que unos a otros se ultimaban sus compatriotas. Melgarejo había huido por en medio de la selva, en compañía de su escudero Flores, para no ser ajusticiado por Irala. No tuvieron problemas mientras anduvo entre parcialidades guaraníes, pero al llegar a tierra de tupíes, ambos fueron hechos prisioneros, metidos en una jaula de mimbre y obligados a comer para ser comidos luego, en su ceremonia de antropofagia ritual. "¡Con mis propios ojos vi cómo esos malditos mataban a mi escudero, lo descuartizaban y lo ponían sobre el fuego!", había gritado Melgarejo llenando de espanto a las mujeres que lo oían. Cuando estuvo más calmado, doña Mencia le preguntó por su enviado, el joven Saavedra. Algo había oído Melgarejo a los indios mientras estaba huyendo, pero nada más sabía de él.

Cristóbal de Saavedra había llegado sano y bueno a la ciudad, justo para el 15 de agosto, fiesta de la Asunción de María del año 1551. Antes de saludar a su hermano, Martín Suárez de Toledo, a quien no veía desde niño, había pedido ver al gobernador nombrado por el pueblo, a quien debía dar la doble noticia: había un nuevo adelantado en el Río de la Plata y hacia allí se encaminaban cincuenta mujeres españolas dispuestas a poblar la tierra. Si la primera noticia disgustó a Irala, la segunda lo entusiasmó. De inmediato mandó llamar al capitán extremeño Nuflo de Chaves para que fuera a la isla de San Gabriel, en la desembocadura del Río de la Plata, a recibir a sus paisanas en dos bergantines cargados con lo que pudieran necesitar.

Como una onda expansiva la noticia había recorrido rápidamente la ciudad: ¡cincuenta españolas, la mayoría de ellas jóvenes y bonitas, según testimonio de De Saavedra, estaban por llegar! Recién entonces se daban cuenta del aspecto deplorable que presentaba Asunción, con sus casas levantadas de cualquier modo, más semejante a una aldea indígena que a una ciudad de cristianos. ¿Y su propio aspecto? A las indias no parecía molestarles su falta de cuidado y sus ropas deshechas... pero tratándose de españolas, la cosa cambiaba. Una febril actividad se desplegó entonces por las calles y dentro de todas las casas de la ciudad.

"¡Hay que recibirlas dignamente!" La noticia produjo en esos hombres duros y a veces crueles mucho más efecto que los sermones con que todos los domingos los amonestaba el padre Francisco de Andrada. Volvió a oírse el rasguear de las guitarras, acompañando coplas y villancicos. ¡Ya imaginaban las serenatas y tertulias en las cálidas noches asunceñas impregnadas de azahar y de jazmín! Pero... ¡cuánto tardaban en volver los bergantines de Nuflo de Chaves! Cuando llegaron, sin las mujeres, la desilusión se extendió por la ciudad como un manto de hielo. Más de tres años deberían esperar para reunirse con ellas, pero no lo podían saber.

Muy lejos de allí Ulrico Schmidl cumplía su misión haciendo llegar al Consejo de Indias las cartas de doña Mencia y del capitán Juan de Salazar, por medio de su amigo, el italiano Gambarotta. Gran alegría tuvieron las autoridades y las familias de los expedicionarios al saber que estaban vivos. ¡Era tan común que el mar se tragara armadas enteras! Lamentablemente para la adelantada y su hijo Diego, del cual nada se sabía, el Consejo de Indias ante la falta de noticias había decidido confirmar a Irala en el cargo de gobernador que el pueblo le otorgara (algo que por primera vez ocurría en tierras de América). Lo importante ahora era apelar ante el rey de Portugal por la afrenta cometida a los españoles. Poco tiempo después llegaba a la isla de San Vicente el ansiado salvoconducto que les permitiría volver a poblar en San Francisco y seguir luego hacia Asunción. Se terminaba el cautiverio dorado, volverían los trabajos y privaciones... ¡pero eran libres!

El gobernador portugués, en magnánimo gesto, mandó cargar la urca de frutas, ovejas, gallinas, vinos, pólvora y semillas. También les prometió en desagravio por la cautividad forzosa darles la ayuda que fuera necesaria en los primeros tiempos de la fundación.

Antes de partir doña Mencia reunió a sus mujeres para hacerles saber que había perdido sus títulos y privilegios ¡ya no era la adelantada del Río de la Plata! Por lo tanto, la que quisiera volver a España en las naves de Orúe, que estaba al llegar, tenía toda la libertad de hacerlo. A una voz las mujeres anunciaron la decisión de quedarse: "¡Donde tú vayas iremos nosotras!". Tres, sin embargo, se quedarían en la isla un tiempo más en compañía de Juan de Salazar y de Ruy Díaz de Melgarejo: doña Isabel de Contreras había decidido reemplazar sus tocas de viuda por el velo nupcial y, al poco tiempo, su hija Elvira había seguido el ejemplo de la madre desposando al bravo Melgarejo. Su destino sería trágico, como tantos en esa sociedad de frontera donde proliferaban las pasiones propias de las zonas de conquista y guerra. ¿Qué extraña amistad habría unido a esta joven con el clérigo Fernández Carrillo durante las largas jornadas de ese viaje sin fin? Lo cierto es que, cerca de diez años después, moriría junto a él por mano de su marido, fundador de Ciudad Real y Villa Rica del Espíritu Santo, sin que éste recibiera castigo por parte de la justicia: el honor exigía lavar con sangre los delitos del adulterio, y el ofendido no se detenía a averiguar a qué grado de infidelidad se había llegado.

Muy diferente sería la historia de su hermana Isabel, que casaría con el hidalgo vizcaíno Juan de Garay e instalaría su hogar en Santa Fe de la Vera Cruz, por él fundada, viviendo allí sus últimos años en compañía de sus hijos y nietos y de su yerno Hernandarias.

Ajenos al incierto futuro, Salazar y Melgarejo se separaban de sus compañeros para seguir por su cuenta a Asunción en compañía de los hermanos Goes, que hacia allí se dirigirían, por medio de la selva, llevando ganado para vender.

En el corto recorrido hacia el "Sitio de San Francisco", los castellanos harían planes para la edificación del nuevo poblado, preguntándose con alguna preocupación si los cuatro arcabuceros que allí quedaran habrían podido sobrevivir durante ese año y medio. La respuesta apareció, macabra, como una terrible advertencia en cuatro picas con cuatro calaveras clavadas en ellas. No parecía un buen comienzo. Iba a ser muy difícil vivir con la amenaza tupí siempre al acecho. Tozudamente los españoles lo intentaron una vez más. Al poco tiempo el pedazo de costa tenía otro aspecto, con sus estrechas calles, sus cabañas techadas de palmas y cercadas de arbustos y las plantaciones que comenzaban a brotar no lejos de allí. De los indígenas, ni rastros. De todos modos, la empalizada protectora era lo primero que se había construido. Una mañana cualquiera fueron sorprendidos por una lluvia de flechas envenenadas. Hubo que sacarlas con el escalpelo al rojo, y aun así unos cuantos murieron. El ataque podía reproducirse en cualquier momento. ¿Qué hacer? La tensión no dejaba vivir, no se podían alejar para cuidar los sembrados, ni para pescar, ni para dar un paseo. Otra vez estaban prisioneros, con la diferencia de que se jugaban la vida a cada instante. Doña Mencia Calderón no había llevado hasta allí a todas sus paisanas para que murieran de ese modo. Quedaba emprender el camino a Asunción, cruzar la selva a pie... Otros lo habían hecho, ¿por qué ellas no? Las demás mujeres opinaban como doña Mencia: era preferible morir luchando por alcanzar la meta que arrinconadas como ratones. Los hombres no estaban tan seguros: ¿no era preferible esperar allí a que la armada de Orúe los llevara y no abandonar el

Asiento pedido por el rey? Además, ¿cómo podrían las mujeres caminar cuatrocientas leguas de selva, escalar montañas, vadear ríos y aguantar el sol de los páramos? Eso sin contar las picaduras de los insectos y de las víboras venenosas, el posible ataque de algún jaguar o cualquier alimaña del monte... y lo peor, lo que más temían todos: ser cazado por los tupíes y lo que esto significaba. Era justamente por huir de ellos que las mujeres se animaban a emprender la aventura. Y finalmente los hombres cedieron.

Un mestizo que les habían cedido los portugueses como baqueano conocía el camino a Asunción por haber acompañado al capitán Ramalho y sus bandeirantes en busca de esclavos indios para sus plantaciones. El los guiaría por esa picada apenas abierta en la selva. Pero deberían esperar a que hubiera luna llena: entonces los tupíes no salían de sus aldeas.

Comenzaba así una de las largas marchas a pie de la Historia. Encabezaban la columna el mestizo y el padre Carrillo, luego Hernando de Trejo, el escribano Pedro Flores de Burgos, el piloto mayor Sánchez de Vizcaya, los capitanes Campos, Burón y maese Bernal, el carpintero. En él centro, custodiadas por algunos ballesteros y acompañadas por fray Bartolomé, iban las casi cincuenta mujeres y los niños: doña Mencia y sus hijas, María y Mencia (¿por qué no conocemos los nombres de todas ellas si ha llegado hasta nosotros el nombre del carpintero? Pero así se escribían las crónicas y se siguieron escribiendo por mucho tiempo). Caminaban a prisa, casi sin detenerse, impulsados por el miedo de ser sorprendidos antes de llegar a la zona de los hospitalarios guaraníes. A medida que avanzaban la vegetación se hacía más tupida y los árboles más altos. El entrecruzamiento de ramas, lianas y helechos impedía ver el sol. La selva era una inmensa, verde y húmeda catedral de plantas. Dormían tensos, tratando de adivinar en los ruidos nocturnos alguna señal de peligro. A machetazos abrían los hombres el camino al resto del grupo. Así hasta llegar a la primera aldea guaraní, donde repararían sus fuerzas comiendo las tortas de maíz, la miel y las frutas silvestres que ofrecían las indias. En retribución, las españolas les entregarían algún adorno, cinta, espejo o trozo de tela. Nos imaginamos la curiosidad mutua con que se mirarían estas mujeres. Para ambos grupos femeninos se trataba del primer encuentro entre seres tan distintos pero a la vez con tantas semejanzas. En cada aldea se repetían las ceremonias de saludos, atenciones y mutuas dádivas. Todos conocían, aunque fuera de nombre, al poderoso Caraí (jefe) o Tuva Guazú (padre grande) que gobernaba Asunción. En algunos lugares se detenían más tiempo y se dedicaban a reparar su ropa, zapatos y demás enseres, harto deteriorados por la marcha. Allí levantaban rústicas chozas y hasta una capilla donde los padres celebraban la Santa Misa. En uno de estos sitios murió, agotado por las fiebres, el franciscano fray Bartolomé. Así fueron pasando cinco meses.

Una tarde llegó a sus oídos un ruido extraño, diferente. Se trataba del salto del Guairá, desde donde el río Paraná estrellaba contra las rocas su inmensa masa de agua. Nubes de vapor se alzaban de la espuma formando arco iris al ser traspasadas por el sol y hacían brillar los verdes helechos y majestuosos árboles que rodeaban las orillas. Los castellanos quedaron pasmados ante tanta belleza. Para ellos, que venían de regiones tan escasas en agua, el prodigio era doblemente valorado. Lo bravo era que tendrían que cruzar ese increíble río, más ancho en algunos trechos que dos o tres de su patria juntos. Para las mujeres, sobre todo, debió ser muy duro tener que subir a las temblequeantes canoas conducidas por los indios, mientras trataban de acomodar sus poco apropiados vestidos y sus bártulos sin caer al agua. Pero ya estaban allí... Ya estaban en tierra paraguaya, a poca distancia de la anhelada ciudad. Años más tarde, desde la tranquilidad provinciana de sus hogares paraguayos, rioplatenses y hasta tucumanos y chilenos, recordarían con secreta nostalgia los peligros pasados y las maravillas descubiertas a cada instante: extraños pájaros multicolores, flores nunca vistas, ríos increíbles, la belleza de la selva al amanecer...

Ahora era necesario prepararse para llegar en forma digna a Asunción. Con los vestidos menos rotos de que disponían, flores en el pelo y sonrisas en los labios iniciaron la última etapa.

Domingo Martínez de Irala, el gobernador elegido por el pueblo y ratificado por el Consejo de Indias duerme su siesta tendido en la hamaca cuando vienen a anunciarle la extraña novedad: por la picada de la selva se acerca un gran grupo de mujeres castellanas. ¿Podría ser que fuera doña Mencia? Cristóbal de Saavedra, que nunca se resignara a la idea de que hubieran muerto, es el primero en montar a caballo y salir a su encuentro. Pronto se repone el gobernador y corre la noticia por toda Asunción. Los hombres visten sus ropas domingueras, tan poco aptas para el calor del trópico como reveladoras de su posición social. Algunos, más impacientes, montan a caballo tras el gobernador, y todos, sin excepción, se disponen a recibir a las recién llegadas ante la curiosidad de los mestizos y los recelos de las indias.

Las ven entrando a la ciudad: allí están, increíblemente allí están sus bravas compatriotas, sus mujeres alegres, valientes y sensibles... Los ojos se llenan de lágrimas al recordar en ésta o aquélla, los rasgos de alguien, quizás olvidado, a quien no volverán a ver. Esas mujeres que allí avanzan representan lo más noble de ellos mismos: el tesón, la valentía, la fe en Dios, la confianza en la vida, el amor de sus esposas, madres, hijas, amigas, hermanas...

Las campanas de Asunción tocan a vuelo, se llena de gente la plaza mayor. Como en un sueño las mujeres, agotadas pero sonrientes, ven desfilar, mientras avanzan, los rostros tan diversos de sus compatriotas, de las indias y de algunos apuestos "mancebos de la tierra".

Lentamente, para ocultar su emoción, Irala se apea del caballo y se dirige a doña Mencia: "Bienvenida seáis a estas tierras, noble señora".

Más de cuarenta años han pasado desde ese memorable día y la ciudad se prepara ahora a recibir a dos de sus hijos más dilectos: el franciscano Hernando de Trejo y Sanabria, obispo del Tucumán, y su medio hermano, Hernandarias de Saavedra, gobernador del Río de la Plata y el Paraguay. En medio de la alegría popular, se dirigen ambos, bajo palio, a la Catedral. Desde allí, según cuentan las actas del Cabildo de Asunción: *"(...) fueron acompañados hasta la morada de doña María de Sanabria, su señora madre, donde quedaron con el placer y contento que se puede significar".*

No faltan en la fiesta los tíos de ambos: Cristóbal de Saavedra, casado con Mencia de Sanabria; y sus hijos. Y los siete hermanos de Hernandarias, entre ellos doña Francisca de Saavedra, casada con el general Francisco González de Santa Cruz, su media hermana doña María de Trejo y Sanabria... y cantidad de sobrinos y curiosos. Está también seguramente entre ellos, invisible pero perceptible, la presencia de doña Mencia Calderón, la abuela que les enseñó a ser honestos, justos y valientes, a amar a Dios sobre todas las cosas y a cumplir siempre con su deber, como ella lo cumplió.

Sí, en este feliz reencuentro no puede faltar doña Mencia.

Juana Ortiz de Zárate

Su vida empezó, cuidada y feliz, en una de las fincas que su padre poseía en Potosí. Hija de una princesa de sangre real, Leonor Yupanqui, y del rico hacendado vizcaíno Juan Ortiz de Zárate, juntaría en su persona la belleza y gallardía de ambos. (Sin tener retratos, sabemos que los capitanes españoles eran muy sensibles a la belleza de las "vírgenes del sol" y tenían muy buen gusto para elegirlas. A su vez ellas, dentro de sus posibilidades, se arreglarían, como siempre lo han hecho las mujeres, para ser "elegidas" por el más de su gusto.) Su padre, gran conocedor de la tierra y de su gente, había prosperado multiplicando la herencia que le dejara su hermano, Lope de Mendieta.* Miembro de una familia emprendedora, poseía don Juan, además de haciendas y vetas de plata en el cerro del Potosí, otra importante finca en Charcas, tierras en Tarija, ganados, ingenios y molinos en toda la provincia, con lo que reunía una interesante fortuna. La "Palla" Leonor, a quien siempre consideró su legítima mujer, era amada y respetada en todo el mundo indígena por su ilustre ascen-

---

* No debe extrañarnos la diferencia de apellidos entre hermanos: hasta el siglo XVIII se usó esta costumbre de utilizar los segundones y las mujeres los apellidos maternos o de los abuelos y hasta los de algún remoto antepasado ilustre para que no se perdieran.

dencia* y por su propia personalidad. Mucha debió tener esta princesa para no renegar de su religión y mucho debió respetarla su marido para no imponérselo, como consta en la Real Cédula, donde se afirma que doña Leonor Yupanqui es *"mujer noble y libre, no obligada a matrimonio ni religión alguna, natural del Cuzco (...)"*. Es cierto que, en general se consideraba un descenso social el casamiento con indias, por más que éstas fueran nobles, pero no deja de llamar la atención que se la declare *"no obligada a religión alguna"*. Su hija, sin embargo, fue bautizada y educada en la fe cristiana. No es extraño que durante los primeros años de su vida don Juan se encargara personalmente de su educación, enseñando a la pequeña mestiza de estirpe real lo que hubiera enseñado al hijo varón que no tuvo. Huérfana de madre desde los cuatro años, su padre la confió al cuidado de doña Luisa Martel, mujer de Francisco de Ceballos, que vivían en la ciudad de Chuquisaca.** Allí debe haber aprendido la *ñustita* lo que se enseñaba a las niñas nobles: leer, escribir, doctrina cristiana, labores *"mujeriles"* como coser e hilar y algunos rasgueos en la guitarra para acompañar los alegres villancicos españoles o los tristes yaraví de la tierra. Su madre, por su parte, durante la corta convivencia en Potosí —luego sus parientes incas que con seguridad la visitarían— le enseñaría las tradiciones del Imperio del Sol, inexplicablemente vencido por un grupo de hombres audaces, en los tiempos de su mayor grandeza.

En la finca de Potosí donde naciera solían reunirse varios hidalgos vizcaínos parientes entre sí. Entre ellos el joven Juan de Garay, quien llegara al Perú a las catorce años acompañando a su tío, el licenciado Pedro de Zárate, que afirma en un documento haber conocido a doña Juana en muy temprana edad.

* Era hija de Manco Inca Yupanqui, hijo de Huayna Capac y muerto en forma violenta por un español en Vilcabamba, en 1544.
** Chuquisaca, Charcas y La Plata eran nombres que correspondían a la misma ciudad, actualmente Sucre.

Desde niña la pequeña mestiza se acostumbró tanto al trato con estos caballeros como al de los "curacas" u "orejones" que acudían a saludar a su madre. No podía saber entonces la importancia que aquel joven capitán iba a tener en su vida.

Por mucho tiempo dejó de verlo: él estaba en la fundación de Santa Cruz de la Sierra, donde viviría varios años, acompañando a Nufrio de Chaves. Por noticias que llegaban a su padre se habrá enterado de su casamiento en Asunción con Isabel de Becerra, una de las valientes mujeres que habían cruzado a pie la selva desde la costa atlántica.

En medio de labores, devociones, reuniones, fiestas y noticias venidas de España —y de todos los rincones de América—, transcurría la vida de la pequeña ñusta hasta que algo vino a cambiarlo todo: Juan Ortiz de Zárate había sido nombrado gobernador y capitán general de Asunción y el Río de la Plata.

Desde lo que podían alcanzar sus cortos años, Juana sabía que los intereses de su padre no se limitaban a las riquezas que obtenía en sus minas y sus haciendas. Muchas veces lo había visto inclinado sobre grandes mapas, solo o en compañía de importantes señores como aquel licenciado Matienzo con quien se pasaba horas charlando. Palabras como "Río de la Plata", "Mar de Solís" o "puerto de Buenos Aires", la habían llenado de curiosidad. Su padre parecía entusiasmarse mucho con estas conversaciones. Ahora sus amigos de las Audiencias de Charcas y de Lima lo habían propuesto como gobernador de esas tierras... pero él ambicionaba algo más: ser **adelantado** del Río de la Plata, fundar ciudades y puertos en aquel lejano litoral. En procura de estas ambiciones, había dispuesto Ortiz de Zárate viajar a España y entrevistar al rey Felipe II. Su plan, en el que seguramente había influido Matienzo, consuegro de Aguirre, era fundar varias ciudades en el camino hacia el Atlántico: una entre Charcas y Asunción, otra entre Asunción y el Río de la Plata, cuatro en lugares intermedios y, por fin, otra en el despoblado puerto de Santa María del Buen Ayre. De sus haciendas de Charcas y Tarija mandaría hacia estos nuevos poblados hasta 4.000 vacunos, 400 ovejas, 500 cabras y 300 yeguas y caballos. Las distancias parecían no tener importancia para los españoles del siglo XVI.

Tiempo hacía ya que el licenciado Matienzo escribía desde Charcas carta tras carta al rey y al Consejo de Indias indicando la urgente necesidad de *"abrir puertas a la tierra"* volviendo a poblar en el antiguo puerto y destacando las ventajas que esa fundación traería al comercio y a las comunicaciones con la metrópoli. Eso sí, la experiencia había demostrado que para esta empresa los labriegos, artesanos y mercaderes eran más necesarios que los caballeros *"porque éstos de ordinario no se quieren aplicar a tratos ni a labranzas, sino andarse holgando y jugando y paseando y haciendo cosas de poco provecho (...)"*. Por eso aclara Ortiz de Zárate en las capitulaciones que llevará hasta 500 hombres, preferentemente casados, de los cuales 200 serán labradores o artesanos de todos los oficios y los demás *"para la guerra y conquista de la tierra"*. Lamentablemente, las cosas no anduvieron como lo programara don Juan. Parecería que la buena estrella del futuro adelantado se hubiera eclipsado al alejarse de su tierra y de su familia. Habiendo zarpado de Nombre de Dios en enero de 1568, cerca de Cartagena de Indias fueron abordados por piratas franceses y despojados de todas sus pertenencias. La lista de lo perdido, minuciosamente detallada por su propietario, nos habla a las claras de su riqueza: *"Dos cofres de Flandes con diez tejos de oro de Chile cada uno. En otro cofre 8.000 pesos de oro en tejuelos chicos y grandes. Un talego de reales de plata. Otro talego de oro de Vergara. Una argolla de oro con una gran esmeralda. Un puñal de oro fino. Un graniel y una taza, ambos de oro fino. 146 barras de plata marcadas, siendo 110 de ellas de su propiedad y las otras de personas que mandaban a España por su intermedio. Una arracada de mujer con cuatro esmeraldas. Otra esmeralda muy fina de las de Puerto Viejo. Un anillo de oro con esmeralda y un collar de perlas con un joyel y una esmeralda. Dos medallas de oro. Un sello de oro y plata con las armas de los Zárate. Un rubí (...)".* Venía luego una minuciosa descripción de la vajilla de plata robada y de la ropa, entre las que menciona *"(...) una chaqueta de terciopelo guarnecida con franjas de raso. Un sayo y una capa de raso negro. Un coleto de cuero con dos docenas de botones de oro. Un tridesco de paño negro de Segovia con franjas de terciopelo negro acuchillado. Tres pares de calzas de terciopelo. Un par de calzas de estamena de Milán. Varios jubones. Dos pares de botas, dos pantuflas y borceguíes. Un cobertor de grana de Valencia. Gorras de terciopelo negro. Diez camisas de hilo de Holanda. Cuatro pañuelos de mano (...)".* A esto hay que agregar el préstamo de 12.000 pesos conseguido en Charcas, gracias a la garantía que le daban sus numerosas tierras, minas y repartimientos. En general los ricos "indianos", como les llamaban en España, no poseían riquezas en dinero sino en inmuebles y mercancías.

Muchos años después, su nieto, Juan Alonso de Vera, declarará ante la audiencia de La Plata que los piratas quitaron a su abuelo *"más de ciento veinte mil pesos, habiendo llegado a España sin caudal alguno".* Pero, como buen vasco, don Juan era tesonero. Ni bien llegado a España consigue la entrevista con el rey y no sólo es confirmado en el cargo de gobernador sino que obtiene el adelantazgo del Río de la Plata con carácter de mayorazgo perpetuo para él y sus descendientes y una serie de privilegios: sueldo anual de 4.000 ducados, permiso para construir tres fortalezas, licencia para introducir 400 esclavos africanos y el privilegio enorme para la época de poder mandar anualmente desde Sevilla al Río de la Plata, sin pagar el almofarifazgo (derecho de aduana), dos navíos cargados *"con mercancías, armas, herramientas y otros instrumentos para la provisión de la tierra".*

Además de todo esto pidió y obtuvo el hábito de Santiago y algo mucho más importante para él que todo lo anterior: el reconocimiento de Juana, la pequeña mestiza, como hija legítima y heredera de sus bienes y el título de adelantado y la promesa de un marquesado para quien la desposara. Esta gracia fue concedida por Real Cédula del 4 de junio de 1570, interesante documento que dice así: *"(...) Por cuanto por parte de vos, el Adelantado Juan Ortiz de Zárate, nuestro Gobernador y capitán general de las provincias del Río de la Plata, me ha sido hecha relación que ya nos había constado, de lo mucho y bien que nos habéis servido, y que estando en aquellas tierras y siendo soltero hubisteis y procreasteis por vuestra hija a doña Juana de Zárate en doña Leonor Yupanqui, mujer noble y libre, no obligada a matrimonio ni religión alguna, natural de la ciudad del Cuzco, y me suplicasteis que, siendo que vos no erais casado ni teníais hijos legítimos ninguno, la mandase habilitar y legitimar en lo espiritual. Tal como nuestro Santo Padre tiene poder de habilitar y legitimar en lo espiritual, así los Reyes tenemos poder de habilitar y legitimar a los que no son habidos de legítimo matrimonio, hecho con licencia de España. Por ende, por la presente legitimamos y hacemos hábil y capaz a la dicha doña Juana de Zárate, vuestra hija, para que pueda haber y heredar (...)".*

Una vez logrados sus objetivos don Juan dedicó todos sus esfuerzos a preparar su armada fundadora. La empresa iba a resultar mucho más ardua de lo que imaginara: el estrepitoso fracaso de la expedición de Pedro de Mendoza y la triste suerte de los adelantados que le siguieron habían despertado la desconfianza en los posibles candidatos a embarcar. Había un sentimiento generalizado de repulsa hacia esas tierras cuyo nombre prometía riquezas inexistentes. ¿Qué perspectivas podía ofrecer el Plata? Indios hostiles, que hasta podían comérselo a uno, como hicieran con el pobre Solís, comarcas vacías, sin casas ni labranzas, ni un gramo de metal a pesar de su nombre tan prometedor... Muy gráficamente afirmaba el clérigo Martín González: *"(...) no hallarán soldados ni gente que quiera ir, porque es tanta la mala fama que ha cobrado aquella tierra, que, en mentándola, escupen".* En estas circunstancias no era de extrañar que resultara muy difícil encontrar los labriegos, artesanos y soldados que se precisaban y que la gente que finalmente se embarcó no reuniera en absoluto las disposiciones requeridas. El adelantado había recomendado que no se reclutase gente muy pobre sino *"personas de algún posible que quisieran emprestarle algunos dineros para pagárselos allá en cosas que hay en la tierra de cosecha, crianza y labranza (...) porque por haberme robado los franceses ochenta mil pesos de oro y plata que traía del Perú, estoy al presente pobre y necesitado (...)".* Y añadía para animar a los que tenían hijas que allí podrían casarlas con *"caballeros ricos y conquistadores de encomienda (...)".* Nada de esto sin embargo tentó a la gente más capacitada. Al decir del tesorero Montalvo, participante de la expedición, en ella se embarcó *"la escoria de Andalucía",* pobre gente que no tenía nada que perder, perseguidos por la justicia y marginales de los que abundan en los puertos. Los resultados fueron desastrosos.

No vamos a extendernos en detallar la larga serie de fracasos que vivió la armada de Ortiz de Zárate, empezando por la invernada en Santa Catalina, donde casi sesenta personas murieron de hambre por la falta de víveres, y siguiendo por lo que fue quizás el peor desastre que las armas españolas sufrieran en América cuando en San Gabriel (actual Colonia, Uruguay) cien españoles fueron masacrados por charrúas y guaraníes que apenas los duplicaban en número. Aunque para el trabajo de la tierra no fueran buenos, era indudable que, en ocasiones de guerra, los caballeros eran imprescindibles... Esto se puso en evidencia con la providencial ayuda que pudieron prestar a la maltrecha expedición de Zárate los capitanes Díaz de Melgarejo y Juan de Garay, uno proveniente de Santa Catalina y el otro que acababa de fundar Santa Fe en las márgenes del Paraná. En poco tiempo ambos aprovisionaron a los hambrientos pobladores de la ciudad sin futuro de San Salvador, fundada por Zárate, y recorrieron las islas del Delta rescatando los prisioneros que habían hecho los guaraníes.

Llegado a Asunción y reconocidos todos sus títulos, Ortiz de Zárate cayó enfermo de "cámaras", como se denominaba a la disentería tropical. Mandó entonces llamar a su hija a quien en su testamento dejaba como heredera universal, para que viniera a *"residir a estas provincias"* y encargó esta delicada misión a su paisano, pariente y amigo, Juan de Garay. Debería también traer en su viaje de vuelta el ganado prometido en las cláusulas de la capitulación.

Enfermo y abatido, el adelantado hubiera querido ver casada o por lo menos prometida a su única hija a quien no veía desde hacía ocho años. En ese intervalo la ñustita se había convertido en una hermosa joven de dieciséis años, y en el mejor partido de todo el virreinato, por sus riquezas y por los títulos que heredaría su futuro marido. Pero antes de que Garay hubiera iniciado la larga marcha hacia Charcas, el 26 de enero de 1576, el rico adelantado moría sin haber podido despedirse de aquella hija por quien tanto había luchado. Tenía entonces 65 años.

Más de dos años tardaría Juan de Garay en esta *"jornada de Charcas"*. No era ajeno a esta tardanza el virrey Toledo. El mismo había pedido a Abreu, gobernador del Tucumán, que tratara de mantener al vizcaíno pues se conocía su misión y nadie quería que se llevaran de allí a doña Juana, la "niña de plata". Era una presa demasiado codiciada y muchas aves de rapiña intentaban lucrar con su casamiento.

Comienza así lo que con toda propiedad Groussac ha llamado una "comedia de enredo jurídico matrimonial". Sin embargo la ñustita no era nada tonta y ayudada por el fiel amigo de su padre iba a hacer lo que ella quisiera.

Tres eran los pretendientes oficiales al adelantazgo y al presunto marquesado: Diego de Mendieta, sobrino de Ortiz de Zárate, que había quedado en Asunción como gobernador interino, Francisco Matienzo, hijo del famoso licenciado, en quien, según su padre *"cabían todas las partes necesarias para el gobierno del Río de la Plata, pues no hay más hidalgo en este reino ni en España, ni de más calidad ni mejor jinete, ni más valiente, largo y liberal (...)".* Y, finalmente, el linajudo limeño don Antonio de Meneses, ahijado nada menos que del virrey Toledo, empeñado en casarlo con la rica heredera. Pero ésta, más avispada de lo que todos suponían, hacía rato que miraba con buenos ojos al joven oidor Juan Torres de Vera y Aragón, quien había comenzado a frecuentar la casa de Francisco de Ceballos donde doña Juana vivía. Llegado a Chile en 1565 como oidor de la audiencia de Concepción, había demostrado su valor peleando contra los araucanos en defensa de la ciudad y al disolverse dicha audiencia en el 75, había sido destinado a la de Charcas. Según su propia confesión, recién a principios del 77 comenzó a cortejar a doña Juana.

Como si hubieran adivinado la gran empresa en la que se iban a unir sus nombres, Juan de Garay y Juan Torres de Vera y Aragón, habían simpatizado desde el primer momento. Nada mejor para su protegida que este gallardo y culto oidor, de antiguo linaje y distinguida parentela. La primera medida que tomó Garay fue pedir a la Audiencia que la joven dejara la casa de los Ceballos, consuegros de Matienzo, y pasara a la de sus tíos, don Fernando de Zárate y doña Luisa de Vivar, para actuar en campo neutral. Y lo primero que hizo el galán al ver que tenía posibilidades con la ñustita fue escribir al rey pidiendo la dispensa necesaria para casarse, ya que estaba prohibido a los oidores hacerlo con alguien del lugar para evitar posibles influencias que pudieran redundar en menoscabo de la justicia.

Para octubre de 1577 estaba ya resuelto el casamiento. No se hablaba de otra cosa en la ciudad de los tres nombres. Aunque no tenía la pujanza de su vecina Potosí, de vertiginoso crecimiento minero, La Plata, Charcas o Chuquisaca era la ciudad más antigua del Alto Perú y la más orgullosa de su prosapia. Sus casonas adornaban sus frentes con los blasones, auténticos o no tanto, de las familias que allí habitaban y en sus salas y habitaciones abundaban los tapices y paños de Flandes, lujosos muebles de ébano y vajilla de plata. La profusión de togados, altos dignatarios eclesiásticos y oficiales del rey que recorrían sus calles, recordaba a todos que era la sede de la Audiencia, y que pronto lo sería también del Arzobispado y de la Universidad. Esta sociedad, un tanto severa y orgullosa, iba a ser convulsionada por "la boda del año", mucho más movida de lo que se creyera. Así fue que, estando en pleno los preparativos, irrumpió una mañana el alguacil mayor Diego Caballero con una provisión del virrey, indignado al ver burlados sus planes, en la que ordenaba *"se sacara a doña Juana de Zárate de cualquier persona que la tuviera a cargo y fuera entregada al licenciado Gómez Hernández para que, trayendo en su compañía alguna mujer honesta y vieja, venga hasta Potosí y de aquí pase con doña Violante, mujer de dicho Gómez Hernández, a la ciudad de Arequipa"*. Allí quedaría al cuidado del propio Toledo, quien la haría conducir hasta Lima. El virrey, como vemos, era muy cuidadoso de las buenas costumbres y las apariencias, pero le importaban un comino los derechos humanos, menos aún si se trataba de una mujer para colmo, joven y mestiza. Con mucha presencia de ánimo, amparada como estaba por su novio y su tutor, doña Juana no perdió la calma. La detallista escribanía española nos permite gozar de la escena: es el 1° de diciembre después del mediodía — ¡extraña hora ésta de la siesta veraniega para presentarse un alguacil a leer el mandamiento del virrey!—. En el dormitorio de doña Luisa, sombreado y fresco, están reunidos los protagonistas: los dueños de casa, el licenciado Gómez sentado en una silla, el escribano Logroño, a quien debemos la descripción, anotando todo ante un escritorio; de pie Juan de Garay, Pedro Lapuente y el propio alguacil Caballero. Sentada sobre la cama, con gravedad y compostura, la ñusta y futura adelantada escucha la lectura de la provisión. A su término, su tío, don Fernando afirma haberlo oído y doña

Juana añade que ella va a responder. Con voz clara y decidida manda decir al virrey que *"aunque quede yo obligada y haya recibido mucha merced en que su excelencia haya tenido el cuidado de elegir la persona con que yo me hubiere de casar (...) la provisión llega tarde por haber muchos días antes, con acuerdo y parecer de mis deudos, determinado de tomar estado escogiendo persona en quien concurren las cualidades requeridas (...)"*. Luego protesta de la fuerza y el agravio que se le quiere hacer *"firmándolo de su nombre, ella misma"*. Como el alguacil no quisiera entrar en razones, dos días después, *"pasada la hora de vísperas"* ante una distinguida concurrencia, se realiza en casa de don Fernando de Zárate el casamiento de don Juan y doña Juana, Mariquita Sánchez del siglo XVI.

La reacción de Toledo no se hizo esperar: en dos provisiones que llegaron a Charcas para el mes de febrero del 78, ordenaba a Torres dejar el oficio de oidor por haberse casado sin licencia y en la otra prohibía a él y a su mujer, a quien despectivamente trataba de *"hija mestiza del adelantado Zárate"*, abandonar la provincia de Charcas para ir a la del Paraguay a usar sus títulos *"según estaba informado que pretendían hacerlo"*. Estas arbitrarias medidas fueron peleadas con éxito por Juan de Vera, pero como, con el agravante de ser las distancias considerables, la burocracia colonial se tomaba su tiempo, pasaron años antes de que se hiciera justicia. Sin embargo algo bueno saldría de esta maraña de enredos. Vera y Aragón, después de tratar íntimamente a su lugarteniente Juan de Garay, estaba más convencido que nunca de su capacidad y honradez. Decidió entonces darle plenos poderes en la gobernación del Río de la Plata trazando de él este definitivo retrato moral: *"Persona de confianza y discreción que ha servido a su majestad en esta tierra con cargos prominentes y que de todo lo que se le ha encomendado ha dado buena cuenta, y tendrá en paz y justicia la dicha gobernación entendiendo en cada cosa con rectitud y bondad (...)"*. Además lo facultaba para que *"en nombre del Rey y del mío pueda poblar en el puerto de Buenos Aires una ciudad que se intitulará como mejor le pareciere a su fundador".*

Un año después, Garay mandaba pregonar por las calles de Asunción el anuncio de la nueva población, convocando a los hombres y mujeres que quisieran acompañarlo. Sólo podía prometer a los nuevos pobladores las habituales "suertes" o mercedes de solares, chacras y estancias y la posibilidad de gozar algún día del fruto de su trabajo. Todos ellos llevaban sus propios enseres, armas y caballos. Como en la fundación de Santa Fe, un grupo fue con Garay por el río, en un bergantín y algunas canoas mientras otros lo hacían por tierra, a pie y a caballo, arreando unas quinientas vacas y otros animales.

Mientras Garay avanzaba hacia el sur, Vera y Aragón, ya feliz padre de un niño, era llamado a comparecer ante el virrey Toledo y obligado a permanecer en Lima cerca de un año. Doña Juana lo esperaba con su hijo en el monasterio de monjas de Nuestra Señora de los Remedios. Allí debieron enterarse de que una nueva ciudad había surgido en las márgenes del Plata y que ellos, a su manera, habían contribuido a su fundación. Recién a fines del 81, con el alejamiento de Toledo, el adelantado recuperó su libertad y su puesto de oidor en Charcas. Tuvieron otro hijo. El primero, Juan Alonso de Vera y Zárate, llegaría con el tiempo a ser gobernador del Tucumán. El segundo, Gabriel de Vera y Aragón, vecino de Asunción, sería teniente de gobernador. Pero su madre, la "niña de plata", la princesita mimada y codiciada por tantos, no viviría para verlo. Como si algo misterioso la uniera a aquel vizcaíno que la conoció de niña y la ayudó de joven, moría en enero de 1584, poco después del asesinato de Garay. Tenía sólo veintitrés años.

A más de cuatro siglos de su muerte es bueno recordar que entre los elementos que se conjugaron para que fuera posible Buenos Aires, existió también una historia de amor.

Isabel de Salazar

Por más aventuras y desventuras que hubiera vivido, por más viajes que hubiera realizado por montañas, selvas y desiertos, por más ciudades pobres o populosas que hubiera conocido, por más afectos u odios que hubiera sentido... nada podría hacerle olvidar aquella noche de su infancia, cuando los araucanos entraron a sangre y fuego en la apacible ciudad de La Serena. No recordaba cuántos años tenía en ese momento, debían ser muy pocos... los suficientes para volver a imaginarlo todo con nitidez cada vez que sentía el olor del humo o veía los resplandores de algún incendio. Cerrando los ojos le parecía entonces volver a ver los rostros crispados y a oír los gritos de angustia de la gente que la rodeaba: sus padres, sus hermanos, los indios de servicio... Estaba acostumbrada a vivir entre indios peruanos y chilenos: su niñera era una de ellos. Pero nunca los había visto con ese aspecto feroz, con los rostros pintados, dando alaridos, matando y destruyendo... Después se veía a sí misma en compañía de otros niños, todos vestidos a la usanza indígena. No comprendía nada, le bastaba con que la trataran bien y le dieran de comer. No sabía cuánto tiempo duró su vida en el campamento araucano. Las indias eran buenas con ellos. Se reían al oírlos hablar en su infantil castellano y trataban de enseñarles su idioma. Los hacían bañar todas las mañanas en un arroyo cercano y les daban tortas de maíz y carne asada de *"ovejas y carneros de la tierra"*, como llamaban los españoles a las alpacas y vicuñas. Allí fue a buscarlos Francisco de Aguirre después de reconquistar La Serena y dominar el valle de Copiapó, según lo consignara su sobrino Diego de Villarroel en la probanza levantada en 1554: *"(...) otro sí digo, que el dicho Francisco de Aguirre pobló y reedificó la ciudad de La Serena que los naturales della habían despoblado y asolado y muerto todos los españoles y vecinos que en ella estaban (...) conquistando todos los valles a ella sujetos con sólo once soldados que consigo llevó, y sacando del poder de los dichos indios muchos niños y niñas cristianos, hijos de los españoles que los dichos indios habían muerto (...)".*

Mucha sangre estaba costando y costaría a la Corona la conquista de Chile. Los desastres habían comenzado ya desde la *"mala entrada"* de Diego de Almagro, cuando todos corrieron el riesgo de perecer helados entre las nieves de la cordillera que, cual gigantesca muralla, protegía al nuevo reino que pretendían conquistar. Cuenta Cieza de León que *"fue tan grande el frío que se murieron los más de los negros, indios e indias, y los que escaparon fue con los dedos comidos o ciegos de los ojos (...) los indios lloraban quejándose que les habían traído de sus tierras a morir entre la nieve (...) y si paraban a descansar se quedaban helados".* Siguieron, sin embargo, adelante. Estos españoles del siglo XVI parecían querer emularse unos a otros para ver quién era capaz de la acción más temeraria. Luego de elogiarlos por su ánimo esforzado y generoso, Cieza de León comenta con razón que: *"(...) bien mirado, parece temeridad más que fortaleza meterse como se meten por espesos montes y nevados campos, sin saber cuándo ni dónde acaban, ni dónde van, ni si tendrán proveimiento o no".* Y si alguno llegaba a flaquear era alentado por el entusiasmo y la elocuencia de otro que lo impulsaba a seguir con razones muy valederas para su tiempo. Así lo hizo en esta ocasión Diego de Almagro cuando: *"(...) rogó a los españoles muy animosamente pasasen por los trabajos, pues sin ellos jamás se ganaba honra ni provecho".* Los indios, en cambio, no podían comprender ese compulsivo deseo de avanzar y avanzar. Seguían sin embargo con inexplicable fidelidad a estos hombres, a quienes admiraban y temían, ayudándolos en todo y salvándoles la vida en más de una ocasión. Sin ellos no hubiera sido posible la exploración y conquista de América. Por cierto su idea inicial fue la de utilizar a estos extraños y poderosos seres como aliados contra sus enemigos, pero una vez tomado su partido, era muy raro que los traicionaran. Los negros esclavos, en cambio, no tenían más remedio que callar y obedecer las inexplicables órdenes de esta gente barbada y llena de contradicciones que poseía la fuerza y el poder.

Finalmente llegaron al valle de Copiapó donde los naturales los recibieron con hospitalidad llevándoles *"ovejas, corderos, maíz y otras raíces (...). Y como se veían fuera de los alpes y grandes roquedos nevados y en tierra alegre, y a donde el sol daba con gran claridad y el cielo con su serenidad se dejaba ver, loaban a Dios por ello (...)".* En esta tierra riente, de fértiles valles y arroyos cantarinos había comenzado su vida Isabel de Salazar. No sabemos en qué expedición llegaron sus padres: si fue con Valdivia, con Aguirre, con Medina o con cualquiera de los bravos que cruzaron por los despoblados de Atacama. Más probable es que su madre y hermanos llegaran por barco a Concepción realizada ya la conquista, o directamente a La Serena, en donde se instalarían. Tampoco sabemos con seguridad el nombre de su padre, aunque podemos suponer que fuera Juan de Escobar, nombre del hermano mayor de Isabel.

Chile, el Flandes indiano como lo llamara el cronista chileno Diego de Rosales, era una tierra de guerra perpetua donde se vino a dar el caso del *"mestizo al revés"*, es decir, el que iba a adoptar los usos, costumbres y modos de vida indígena por ser su madre una cautiva. Esto se hizo notorio años más tarde, cuando los españoles debieron enfrentar guerreros araucanos de pelo rubio y ojos azules, como hace notar Alberto Salas en su *Crónica florida del mestizaje.*

"¿Qué perdemos cuando nos llevan por esclavas cuatro mujeres —decía el cacique Aliante— cuando nos sirven las mujeres suyas y nos hacen chicha sus españolas y nos paren hijos más blancos y más animosos?" De allí la desesperación con que éstas se defendían, llegado el caso, para no caer en sus manos.

Una de estas bravas mujeres que defendieron con heroicidad su honra y la de sus hijas, fue doña Inés de Aguilera y Villavicencio durante el sitio de La Imperial. Había quedado a cargo del fuerte por muerte de su padre, Pedro de Olmos y Aguilera, y de su marido, Pedro Fernández de Córdoba, a manos de los indios. Junto a ella estaban tres de sus hijas, una nieta y una sobrina. Según cuenta la información dirigida al rey, los araucanos tenían sitiado el fuerte de La Imperial pensando destruirlo como ya habían hecho con el de Concepción: *"Y estando los de dentro con grande aflicción y muy apretados por ser tantos los enemigos y llevarlos de vencida, la dicha doña Inés tomó un Cristo que había en la capilla del fuerte y un alfange y rodela, y un talego de pólvora y muchas balas y se metió entre los soldados que estaban peleando y con muy grande valor los animó a que volviesen por la defensa, repartiendo entre ellos la pólvora y balas (...) y por ser muchos los asaltos que daban y tan poca la gente que había quedado, velaban muy de ordinario, ella y sus hijas todas las noches, reconociendo la centinela para que no se durmiese (...) y habiendo venido socorro a la ciudad y fuerte de La Imperial donde estaba, salió de él con las otras sus hijas tan necesitada que no sacó más que unos pobres vestidos viejos que traía puestos por haber perdido todo cuanto tenía (...) sin quedarle deudo ni pariente de su linaje a quien poderse llegar".* Convencido cada grupo de que la razón estaba de su parte, la guerra entre invasores e invadidos era sin cuartel. Los araucanos habían recibido muy bien a los españoles, pero los abusos constantes de que fueron objeto, sobre todo sus mujeres, fueron una de las causas del levantamiento general de 1553, según el testimonio de Diego de Rosales en su

Historia general del Reino de Chile: *"(...) y siendo estos indios tan fieros y tan bravos, bien se deja ver el sentimiento que harían de ver que muchas veces les quitaban sus mujeres para usar mal de ellas (...) añadíase a esto el hambre que las señoras españolas tienen de chinas, que así llaman a las indias de servicio, y por mostrar aparador de ellas en el estrado y llevar a la iglesia aparato de acompañamiento, les quitaban a los indios de sus encomiendas las hijas y los vecinos los hijos, para pajes".*

Es explicable que los araucanos quisieran vengar estos agravios del mismo modo, haciendo cautivas blancas que trabajaran y engendraran hijos para ellos. Incontables son las distintas historias de cautividad de mujeres y niños que traen las crónicas chilenas. Recordaremos tan sólo la de Ana de Santander, prisionera en la ciudad de Valdivia con su madre cuando sólo tenía nueve días de vida junto con otras cuatrocientas personas, entre las cuales estaba Pedro de Soto, de ocho días. Estos niños, criados por sus madres entre aborígenes, una vez llegados a la adolescencia, según cuenta Rosales: *"(...) como no había cura con quien casarse, hicieron entre sí sus conciertos y matrimonio clandestino, de que tuvieron muchos hijos legítimos, blancos y rubios, sin saber la lengua española ni tener más que algunas luces confusas de las cosas de Dios".* Recién en 1641, con las paces del marqués de Baydes, pudieron reintegrarse a una sociedad que apenas conocían por referencias de sus madres. No fue éste el caso de Isabel de Salazar, cuya cautividad fue muy corta.

Una vez liberada, la huérfana de guerra viviría con alguna de las ricas familias de encomenderos avecindados en La Serena. Uno de los más prósperos entre ellos y de los que primero habían entrado a Chile con Almagro, era el capitán Garci Díaz de Castro. Este personaje era de los pocos españoles hidalgos casados con indias. Su mujer, doña Barbola Coya era, *"de real y alto linaje, sobrina del rey Inca del Perú".* Su hija, la mestiza doña Catalina de Castro, se casaría alrededor del año 1560 con Gaspar de Medina, amigo de Francisco de Aguirre y personaje fundamental en la vida de Isabel de Salazar.

A la manera de un rompecabezas podemos ir armando el posible pasado de la huérfana a través de algunos documentos, entre ellos sus propias declaraciones hechas en 1621 en Santiago del Estero. Afirma allí haber frecuentado de niña la casa de los Díaz de Castro. Es muy probable que alguno de los ocho encomenderos de La Serena o quizás su propio hermano, Juan de Escobar, bastante mayor que ella, se hubieran hecho cargo de su crianza. En cualquiera de esos hogares podría haber conocido a Gaspar de Medina y a su familia, con quienes viajó a Santiago del Estero junto con otras nueve *"doncellas huérfanas"*.

Oigamos su testimonio: *"(...) esta testigo conoció al capitán Garci Díaz de Castro y a doña Barbola Díaz, la Coya, su mujer y los comunicó y estuvo en su casa yéndolos a visitar. Y sabe que era tenida en la ciudad de La Serena de Coquimbo, Reino de Chile, por tía o prima de doña Beatriz Clara Coya, mujer del gobernador Martín García de Loyola, y era estimada y tenida como señora, y lo mostraba en su trato y proceder. Y como tal crió con mucho recogimiento, virtud y suerte a doña Catalina de Castro, abuela del dicho García de Medina, que fue su hija legítima... Y esta testigo vido que el capitán Gaspar de Medina fue casado legítimamente con la dicha doña Catalina de Castro y vinieron todos juntos del reino de Chile a esta provincia, porque ha más de 50 años a esta parte los conoció y comunicó..."*

Este curioso documento, levantado expresamente por el nieto de Gaspar de Medina para demostrar la nobleza de la inca doña Barbola Díaz Coya, su bisabuela, nos muestra dos excepcionales casamientos entre españoles y aborígenes: el de doña Beatriz Clara Coya, hija del Inca Sayri Túpac, que casó con don Martín García de Loyola, caballero de Calatrava y sobrino de San Ignacio, y el de su bisabuela doña Barbola Coya, con Garci Díaz de Castro, su bisabuelo. En la iglesia de la Compañía de Jesús del Cuzco se

Boda del capitán español Martín García de Loyola con la princesa inca Beatriz Coya (sola, abajo).

Izquierda, mina de Potosí en un grabado del siglo XVII.

Combate de indígenas brasileños (arriba) y descuartizamiento del cadáver de un cautivo. Doña Mencia Calderón y su expedición atravesaron el territorio de los tupíes en el siglo XVI.

Leonor de Tejeda, de sangre hispano-indígena, fundó el convento de las Catalinas en Córdoba.

Alfonso XIII observa el primer cuadro de la fundación de Buenos Aires en el estudio del José Moreno Carbonero (Madrid, 1910). Entre las correcciones que realizó el pintor en la segunda versión incluyó a una mujer, la viuda Ana Díaz (debajo de la cruz).

Aborígenes y aldea rioplatense. Grabado de Ulrico Schmidl, 1599.

Pareja de españoles vistos por el cronista indígena Guaman Poma de Ayala.

COREGIMIENTO
ELCOREG,º IP TNIÊ
anda rondando y mirando la querguenza de las muge

Dos visiones europeas de la sociedad indiana: arriba, *indios americanos por Arnoldus Montanus;* abajo, *españolas cubiertas con mantillas (A y B) y criollo del Perú (C).*

Los abusos de los españoles en la crónica del andino Guaman.

María Mexía participó en la colonización del Tucumán. Abajo, su testamento traducido del quechua.

Mapa editado en Londres, 1716.

Los timbúes atacan Corpus Christi. El riesgo acompañó a estas primeras pobladoras.

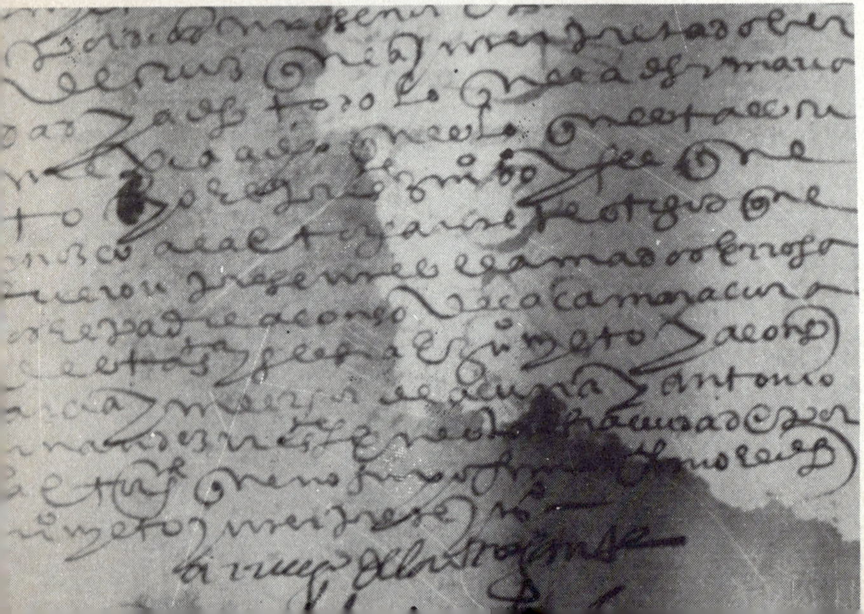

APOSTOL SANTIAGO favorece Los Castellanos, y persigue á los Indios

Intervención milagrosa del apóstol Santiago, por Antonio de Herrera.

Mujeres guerreras: Inés Suárez, la compañera de Pedro de Valdivia (arriba) y la legendaria monja alférez Catalina de Erauso.

Secreto de la mina de Potoſi ſe deſcubre a Vi...

puede ver el cuadro que representa la primera de esas bodas, que debieron haber causado sensación en su momento. Recordemos que ni el padre del Inca Garcilaso ni el de Juana Ortiz de Zárate habían desposado a las princesas madres de sus hijos. Otra importante excepción fue la de Inés Yupanqui, amante de Pizarro y luego casada con el hidalgo Francisco de Ampuero, a quien dio numerosa descendencia. Pero lo más original de los testimonios que aparecen en este documento es que valoran tanto la sangre real de la abuela indígena como el grado de "españolización" a que ésta había llegado en sus costumbres y vestimentas. Lo vemos más claramente en el testimonio de Isabel de Fromista, quien, en 1521, declara "ser de 75 años y haberse criado en La Serena". Afirma allí que cuando doña Barbola *"salía a misa llevaba sus escuderos y la acompañaba mucha gente principal y se trataba como tal señora, con manto y chapín y mucho lustre de su persona, y la visitaba la gente de mujeres y hombres muy principales de aquella ciudad (...)".* Rodrigo Salinas, otro testigo, añade que doña Barbola era visitada por *"muchos indios orejones del Pirú"*, mientras que Juan Fernández hace mayor hincapié en haberla visto *"en traje de española, muy lustrosa, con manto y chapines".*

Sabemos entonces que Isabel de Salazar, en compañía de Gaspar Medina, de su mujer, la mestiza Catalina de Castro, de sus tres hijos, niños aún, de veintidós soldados y de otras ocho *"doncellas huérfanas y bien nacidas"* a quienes Medina pensaba casar con conquistadores del Tucumán, viajó desde La Serena hacia Santiago del Estero cruzando la cordillera de los Andes en los últimos meses de 1564. Acababa de ser nombrado Francisco de Aguirre gobernador del Tucumán y su teniente de gobernador era Diego de Villarroel. Conociendo la política pobladora de Aguirre, no es raro que haya impulsado a Gaspar de Medina para que proveyera estas regiones de doncellas españolas casaderas. Después de tantos siglos de acostumbrarnos a ver separados en países todo lo que antes estaba unido y hermanado, nos cuesta entender la comunicación fluida que había entre las ciudades y regiones a pesar de las inmensas distancias, los precarios medios de comunicación y la amenaza indígena. Era una América separada por distancia y geografía pero unida en sentimientos e intencionalidades. Indios, españoles, negros y mestizos recorrían sus caminos, comerciaban, guerreaban, se casaban, procreaban y establecían sus familias en alguno de esos puntos sin dejar de viajar a cualquiera de los otros cuando las circunstancias así lo ordenaban. Nuestra Isabel fue una fiel exponente de esa forma de vivir, arriesgada y pionera, donde se fueron gestando estos pueblos hermanos que nunca debieron dejar de serlo.

Ella era probablemente una niña de trece o catorce años cuando Hernán Mexía Miraval, con otros cuatro compañeros, cruzó por primera vez la cordillera en busca de un sacerdote. Pudieron observar en esa ocasión los cuerpos helados de los desgraciados expedicionarios de Almagro en la "Cordillera Nevada". Al llegar a Copiapó encontraron a Francisco de Aguirre establecido en su finca donde los mesticitos corrían entre huertas y parrales. El fértil valle había respondido al trabajo de indios y españoles: ondulaba el trigo, blanqueaba el algodón y los árboles frutales de Castilla —perales, manzanos, duraznos, ciruelos, granados, olivos y naranjos— perfumaban el aire con sus coloridos frutos. De todo ello hicieron acopio para llevar a las regiones del Tucumán junto con el auxilio espiritual del padre Juan Cidrón. Y poco tiempo después podían estas pobres regiones iniciar un tímido intercambio que poco a poco se fue haciendo más intenso, de *"ropa de la tierra"* por *"cosas de Castilla"*, con las florecientes ciudades de Charcas y Potosí.

No sabemos si en ocasión de tan productivo viaje Isabel habrá visto al sevillano, pero seguramente oyó hablar de él. Ese andaluz estaba en todas partes: acompañó a Pérez de Zurita durante dos años, del 58 al 60, fundando tres ciudades en sitios estratégicos que facilitarían las comunicaciones con Chile y el Alto Perú: Londres, en la región de los diaguitas (actual Catamarca), como punto de apoyo entre Chile y Santiago del Estero; Córdoba del Calchaquí, en el camino hacia Charcas, donde había estado Barco II (cerca de la actual San Carlos, en Salta) y Cañete, donde había estado Barco I, en los llanos de Ibatín. Tales fundaciones habían sido posibles gracias a una hazaña de Mexía Miraval quien, mientras recorría la tierra de los calchaquíes tomando informes sobre la riqueza del suelo, los accidentes geográficos, etcétera, como hacía antes de cada fundación, había tropezado con el cacique Chumbicha, hermano del gran Calchaquí, y lo había hecho su prisionero. Esto sirvió para pactar un tratado de paz con el curaca, quien en esta ocasión se bautizó y tomó el nombre cristiano de Juan quedando el de Calchaquí desde entonces para nombrar al valle. Es evidente que mucho más podía lograrse de los indios con conversaciones racionales y un trato digno que con dureza y amenazas. Lamentablemente, esto más que de las leyes dependía de las personas. Tanto Francisco de Aguirre como Zurita y Mexía Miraval fueron cumplidores de la palabra dada a los indios y los trataron en forma digna aunque severa. El resultado fue la paz, hasta el punto de que según contara un testigo pudo hacer por esos años el trayecto desde La Plata al Tucumán solo, arreando cuatro mil ovejas, sin que ningún indio lo molestara. Esa paz se vio bruscamente interrumpida con la llegada de Gregorio de Castañeda. En pocos meses este mal funcionario enviado por Francisco de Villagra destruyó la obra de Zurita en el Tucumán al dar *"de bofetadas y puñadas a Calchaquí, que era la persona que gobernaba dichos naturales"*, según afirma un testigo en la probanza de Mexía Miraval, quien estuvo a punto de morir en la masacre que resultó del sitio de Córdoba del Calchaquí. Londres había sido destruida poco antes y Cañete fue evacuada y destruida para que no corriera la misma suerte. Santiago del Estero, otra vez sola en la inmensidad del Tucumán, tuvo que arreglárselas hasta la llegada de Aguirre, nombrado gobernador por Toledo en ese año de 1563 para sofocar la justa rebelión calchaquí.

A fines del 64, entonces, pacificada a medias la región, Isabel de Salazar cruzaba la cordillera para instalarse en Santiago del Estero en casa de Juan Pérez Moreno, casado con una hermana suya.

Por ese tiempo, Aguirre había encomendado a Mexía Miraval que explorara la región del Ibatín. Cumplida la misión, en mayo de 1565 podía Diego de Villarroel fundar San Miguel acompañado por los sufridos vecinos de Santiago, entre los que estaba nuestro infaltable capitán. En algún momento de ese año debe haber conocido el ya famoso conquistador y padre de cuatro hijos a la joven criolla, porque al año siguiente viajan a Charcas, posiblemente para hacer menos incómoda la situación alejándose de Santiago, donde vivía su familia.

Tenemos alguna noticia de este casamiento en la información levantada en Charcas por Bartolomé Olmos y Aguilera, sobrino de Isabel de Salazar, donde éste afirma que *"(...) su padre, capitán Juan de Escobar, le dijo varias veces, tratando de dicho casamiento, que en aquellos tiempos antiguos se atendía a la igualdad de las personas y limpieza de linajes, y que el mismo pudo realizarse por ser el capitán Mexía Miraval conocido de personas antiguas y conquistadores que había en aquella ciudad de Santiago del Estero que, desde los reinos de España conocían a dicho capitán por hombre noble y de las partes y calidades además referidas"*. Se hablaba de la generación anterior con el respeto debido a los "antiguos" y todo aquel que llevaba sangre de conquistadores y primeros pobladores no dejaba de pregonarlo a los cuatro vientos e, incluso, de exigir recompensa por el solo hecho de ser su descendiente.

Otra noticia que nos da el informe citado es que Isabel de Salazar era conocida como mujer de temple: *"(...) una de las mujeres de mayor autoridad y gravedad que tuvo esta provincia"*.

Emprendió pues el novel matrimonio su viaje de novios al Perú, seguramente acompañados por Leonor y Ana, las hijas mayores de Hernán Mexía, ya casaderas, para quienes su padre tenía pensados mejores casamientos que los que podrían realizar en la aldea santiagueña. Las mestizas debían lucir lo más "españolas" que fuera posible.* "Españolizarlas", pues, sería la principal responsabilidad de la nueva esposa.

Isabel de Salazar se encontró de pronto casada y con dos hijas apenas algo menores que ella a quienes debía transmitir todo un caudal cultural recibido más por contacto que por enseñanza directa: cómo vestirse, cómo moverse, cómo hablar, cómo hacer una reverencia, cómo comportarse en una sociedad tan exigente como la del virreinato, aferrada más aún que la peninsular a esas formas y fórmulas que embellecían la vida o la hacían más soportable. Pero a la vez ella era americana: conocía a los indios, había mamado su leche y comprendido su lengua. Había vivido el peligro, la muerte de su familia y la destrucción de su hogar. Las grandes casas de los encomenderos chilenos que había frecuentado, si bien llenas de cuadros, muebles y tapices venidos de Europa, estaban asentadas en los rientes valles de la América andina, así como las calles, iglesias y casas españolas del Cuzco se cimentaban en las piedras del Imperio del Sol. En ella y en tantas otras como ella, españolas, criollas y mestizas, comenzaba el proceso que engendraría a Latinoamérica.

Tres años después de la partida Leonor, la hija mayor de Hernán y la india María, se casaba en Loyola, al norte de Perú, en el actual Ecuador. ¡Hasta allí había llegado Isabel siguiendo a su andariego marido! El novio era el capitán Tristán de Tejeda, nacido en España pero llegado muy joven al Perú. A los catorce años había asistido al descubrimiento del río Marañón y a otras exploraciones. Tenía 26 cuando se casó con Leonor Mexía en la ciudad de Cambinama, conocida también como Loyola, a la que él había ayudado a poblar. Allí *"se había avecindado Hernán Me-*

---

* Por mucho tiempo se llamó "españoles" a los criollos nacidos de padres peninsulares.

xía y trabado una amistad y alianza con Tristán de Tejeda", según dice la Genealogía de los Tejeda, escrita en el siglo XVIII. También Ana se casaría, no sabemos cuándo ni dónde, con Pedro Deza, del cual pronto enviudaría. Viuda y con dos hijas, volvería a casarse con don Alonso de la Cámara. Ambos yernos, Tristán y Alonso, vivirían también, como su suegro, en perpetuo movimiento. Tan pronto los vemos socorriendo ciudades amenazadas por los indios como participando en fundaciones; buscando víveres en tiempo de escasez, pacificando las comarcas de indios rebeldes, descubriendo caminos o acompañando recuas de mulas cargadas de *"ropa de la tierra"* y *"granjerías"*, como llamaban a las artesanías realizadas por los indios: alpargatas, sogas, candiles, etcétera, que serían trocadas por *"mercaderías de Castilla"*.

Probablemente estaban viviendo en La Plata cuando conocieron a Jerónimo Luis de Cabrera, a su mujer, doña Luisa Martel de los Ríos y a sus seis hijos. Ambas familias viajarían a Santiago del Estero en 1572: don Jerónimo como nuevo gobernador del Tucumán y Hernán como su guía y capitán de entrada. El viaje era largo y peligroso, sobre todo para hacerlo con niños. Desde la destrucción de las tres ciudades andinas y la muerte de los Bazán, los indios habían quedado muy envalentonados y temían cada día menos a los españoles, a sus armas y sus caballos. Habían adoptado varias técnicas para sorprender a los viajeros: cavaban fosas y las cubrían con follaje, hachaban árboles del camino dejándolos apenas sujetos y los dejaban caer en el momento que pasaban los caballos. Lo peor eran los desfiladeros y los recodos de las sierras, donde el ataque con piedras y flechas era muy difícil de reprimir. Era necesario ser muy conocedor de la región y de las estratagemas de los indios para poder llegar a salvo. Hernán Mexía, que durante el lapso de diez años había realizado ese viaje por lo menos siete veces, era el indicado para guiarlos. Como la caravana era muy grande —sólo soldados iban 120—, Mexía Miraval, acompañado de doce soldados entre los que iba su yerno Tristán de Tejeda, se adelantó para dar en Santiago la noticia de la llegada del nuevo gobernador y darles tiempo a preparar alojamiento y comida para tanta gente. Los indios omaguacas, al ver que eran pocos los atacaron por Maíz Gordo, cerca de Purmamarca, en el mismo idílico lugar donde habían perdido sus vidas Bazán y su yerno. Esta vez, sin embargo, Miraval y sus compañeros pudieron contenerlos y atravesar la sierra.

Una vez fundada la ciudad de Córdoba de la Nueva Andalucía, las hijas de Hernán se instalaron allí con sus maridos mientras Isabel se quedaba en la ciudad-madre del Tucumán. Allí en Santiago tuvo Isabel su primera hija, Bernardina Mexía Miraval, mientras en Córdoba, quizás por la misma época, nacía Leonor de Tejeda Miraval, la primera nieta de Hernán y la india jurí.

También viajaba, acompañada de Mexía Miraval a la nueva ciudad donde le aguardaba tan triste destino doña Luisa Martel, cuyos dos hijos mayores, niños aún, habían asistido a la fundación. ¡Trágica vida la de esta mujer nacida en Panamá, donde su padre era capitán general de Tierra Firme, viuda del conquistador Garcilaso de la Vega y madrastra del Inca Garcilaso! Al casarse con don Jerónimo Luis de Cabrera, sevillano noble y generoso, y tener con él seis hijos, su vida parecía haber hecho un definitivo cambio de rumbo. Sin embargo iba a morir en Córdoba casi en la miseria, después de un tercer casamiento desafortunado y de haber visto destruida su familia, primero con el degollamiento injusto de su marido y luego con la igual suerte corrida por su hijo Gonzalo Martel de Cabrera, posiblemente por envidias acusado de conspiración y traición a la corona.

Entre la correspondencia de los viajeros de Indias hay una carta de su yerno, Gonzalo de Soria, rico vecino de Potosí, a su padre en Granada, escrita en 1580. Anuncia allí su reciente casamiento *"con doña Francisca de Mendoza, hija del gobernador don Jerónimo de Cabrera y nieta del comendador Miguel Jerónimo de Cabrera, de Sevilla, de lo mejor de ella (...) y de parte de madre, hija de doña Luisa Martel de los Ríos, prima hermana de la señora de Fuentes, de lo mejor de Córdoba"*, la de España, por supuesto.

"Es moza de dieciséis años y vieja en el seso y porte, como hija de quien es. Besa a v.m. y a mi señora madre las manos y dice la tengan como a hija propia y desea ir a ver y servir a vs. mercedes. Entiende que está preñada de dos meses. Hace un año y dos meses que nos desposamos y velamos. Tengo en mi casa dos hermanos de mi mujer que se dicen don Miguel Jerónimo y don Pedro de Cabrera y a una hermana que se dice doña Florencia de Cabrera. Y mi señora doña Luisa Martel de los Ríos se entró a Tucumán donde fue gobernadora donde está con otros dos, don Pedro de Cabrera* y doña Petronila de la Cerda, todos niños, que el mayor tiene diez y siete años. Degolló a su padre Gonzalo de Abrego, que le tomó residencia por quitarle su hacienda. Y ahora los señores de esta Audiencia le han dado por buen juez y gobernador y le mandan dar a sus hijos la hacienda que era de su padre, y le tomarán ahora residencia. Entiendo que no quedará con vida porque es mal hombre. De esto y de todo lo demás que v.m. se quisiera informar dará larga relación el portador (...). Llámase Diego de Hurtado, deudo de esos señores de la Fuente de Toledo. Diéronme cuatro mil pesos en dote, en esclavas y plata labrada y joyas. Yo vivo muy contento y en servicio de Dios y como cristiano, y me parece que lo demás que he vivido en esta tierra fue vida de demonio. Doy gracias a Dios por ello. Hasta desempeñarme paso trabajo, con tener muy gruesas haciendas, porque se nos hace poca merced de parte de los que gobiernan la tierra. Remédielo Dios, que puede (...)".

Mucho puede deducirse de este rico testimonio de un contemporáneo: la solidaridad familiar, que hace acoger en

---

* Debió decir don Gonzalo Martel, no puede haber dos hijos con el mismo nombre y falta nombrar a Gonzalo.

su hogar a tres de los hermanos de su mujer, la importancia dada a los apellidos y conocidos nobles; la rudeza de la época, puesta de manifiesto en la naturalidad con que habla del degollamiento de su suegro, la riqueza en bienes muebles e inmuebles pero no en moneda que poseían los vecinos y encomenderos; los celos que tenían los funcionarios, aves de paso que no siempre podían "hacer la América", ante las riquezas de los criollos o españoles acriollados; pero, por sobre todo, la alegría que proporcionaba un buen casamiento con una joven criolla que no sólo aportaba su dote material sino el tesoro espiritual de su educación y su cultura. Tan contento está este hombre con su honesta vida familiar que recuerda como *"vida de demonio"* sus mancebías con indias o con alguna de las mujeres fáciles que abundaban en Potosí por esos años. Tener un hogar cristiano y honrado era algo muy valorado en la América del siglo XVI, y lo siguió siendo aún por mucho tiempo...

Mucho deben haber sentido Hernán Mexía e Isabel de Salazar la injusta muerte del buen gobernador Cabrera. Cuatro años después igual o peor suerte correría su verdugo en manos del desequilibrado Hernando de Lerma. Sin embargo Abreu tuvo por lo menos la inteligencia de valorar a hombres clave para el gobierno de la región como lo era Mexía Miraval. Durante su gobierno ocupó los cargos de capitán, alcalde ordinario de Santiago, teniente de gobernador y teniente general. El haber confiado en el viejo y experimentado conquistador lo libró de caer en más funestos errores, como hubiera sido una contienda con Juan de Garay, quien volvía de cumplir su misión en el Alto Perú.

Miraval había conocido a Garay en circunstancias únicas, que más parecen sacadas de un *western* del XIX que de nuestra historia colonial. Poco antes de fundar Santa Fe, hallábase Juan de Garay recorriendo las riberas del Paraná en un bergantín con treinta de los suyos, cuando al remontar un brazo del Coronda se vio rodeado por innumerables canoas llenas de indios armados y en actitud hostil. Acababa de mandar a sus hombres que prepararan sus arcabuces sin disparar hasta que él lo ordenara, cuando el vigía, desde el palo mayor, y sin dar crédito a lo que veían sus ojos, gritó: *"¡Hombres de a caballo vienen sobre los indios!"*. Ninguna ciudad había en muchas leguas a la redonda y ni siquiera se conocían los caminos que podrían llevar desde allí hacia las remotas regiones de Cuyo o del Tucumán. ¿Quiénes serían esos hombres? Idéntica pregunta se estaban haciendo Hernán Mexía y sus acompañantes, que no eran otros quienes acudían a ayudar a sus compatriotas en apuros. El enigma se solucionó cuando, una vez dispersos los aún más sorprendidos indios, los de Garay bajaron a tierra y se enteraron de que esos hombres eran una avanzada de Cabrera, gobernador del Tucumán, quien cabalgando rumbo al este en busca de una salida al Atlántico acababa de llegar al antiguo fuerte de Gaboto, sobre el Paraná. Allí había tomado posesión del lugar llamándolo *"Puerto de San Luis de Córdoba"*.

Garay y Mexía Miraval simpatizaron de inmediato, pero al llegar Cabrera con sus pretensiones jurisdiccionales la cosa cambió.

¡En la despoblada soledad del remoto sur de América del Sur dos españoles, uno andaluz y otro vasco estuvieron a punto de irse a las manos por una cuestión de límites!... Prevaleció sin embargo la cordura y la alegría del encuentro entre paisanos. No sólo los habían salvado de los indios sino que ese día había quedado abierta la comunicación con Córdoba y Santiago y por ende, con Chile y el Perú. Alonso de la Cámara, que junto con Tejeda acompañaba a su futuro suegro en esta ocasión, afirma en su probanza que: *"(...) los que allí venían de Asunción a fundar una ciudad en el dicho río, recibieron mucho contento y alegría y daban gracias a Dios Nuestro Señor por haber topado con el gobernador y con la gente que con él venía, y decían con lágrimas en los ojos: 'Hoy tienen remedio nuestros hijos e hijas en haber topado y descubierto este camino para poder contratar con las provincias del Tucumán y los reinos del Perú' (...)".* El pragmatismo americano comenzaba a triunfar sobre la mentalidad hispanomedieval.

El siguiente encuentro de ambos fue en Santiago. Volviendo de Charcas, después del casamiento de Juana Ortiz de Zárate, Garay, como no quería encontrarse con Abreu, iba a pasar de largo hacia el Paraguay. Furioso Abreu al enterarse, quiso pararlo por la fuerza. Sólo empleando toda su persuación pudo Miraval disuadirlo de tan disparatado plan y convencer luego a Garay de que fuera a saludar al quisquilloso gobernador.

Comenzaban a descubrirse los caminos y a poblarse de carretas y recuas de mulas precursoras del comercio que traería prosperidad a la zona, cuando otra maldición cayó sobre el Tucumán y su gente, encarnada en la persona de Hernando de Lerma, el nuevo gobernador. Ya no más la entrada de sus secuaces en Santiago *"las cotas descubiertas, los arcabuces en alto y las mechas encendidas"* previno a la población sobre la era de violencia y de arbitrariedad que se avecinaba. Hernán Mexía, al verlos dirigirse a casa del gobernador, acudió con algunos soldados. Hubo insultos y empujones, salieron a relucir las espadas y la lucha se hizo cuerpo a cuerpo. Era lo que estaba esperando Lerma para acusar a Abreu de traición y amenazar a los vecinos con confiscaciones y destierros. *"Era vengativo y cruel"* —afirma Alonso de Tulacerbín, viejo y honrado conquistador— *"sin piedad y el hombre más endiablado que con título de rey tan cristianísimo se ha visto jamás".* El asesino de Cabrera recibió un castigo peor del que él había infligido a su antecesor, a quien mandara a prisión e hiciera dar garrote vil sin permitirle despedirse de su familia ni confesarse. Lerma lo mandó engrillar y maniatar de manera que le era imposible desvestirse y así lo tuvo durante diez meses *"con el cuerpo lleno de sabandijas que le hacían más intolerable la prisión",* hasta que decidió colgarlo con trece arrobas de peso aplicadas en los pies durante toda la noche. Cinco días después moría por los desgarramientos internos sufridos en el tormento.

Alejado de sus cargos desde el primer momento, Mexía Miraval, junto con su mujer, fue desterrado después de ser confiscados sus bienes. Tuvieron la suerte de vivir en La Plata durante los años más crueles y arbitrarios que vivió el Tucumán. Aprovechó para desempeñarse como apoderado de vecinos de Tucumán y Charcas en el Perú y luego como procurador de algunas ciudades. Mientras tanto Isabel criaría sus cinco hijos en una pobreza digna hasta que volvieran a recuperar su hacienda. Después de Bernardina y Hernando habían llegado Juliana, Francisco y Pedro, contemporáneos a los nietos de su padre que estaban naciendo en la ciudad de Córdoba.

Finalmente Lerma fue enviado a España y terminó sus días en la cárcel mientras esperaba el resultado de su juicio de residencia. Esta vez, por fortuna, la elección de gobernador fue acertada al caer en la honrada y competente persona del general Juan Ramírez de Velazco. Con él entrarían al Tucumán muchas personas cultas y de bien, empezando por su mujer, doña Catalina Ugarte, conocida por el buen trato que dispensaba a los indios y a la gente más necesitada.

Luego de un azaroso viaje por mar y por tierra, en el que no faltó la lucha contra piratas ingleses, a quienes pusieron en fuga, y una caminata de 500 leguas desde Paita hasta La Plata, el nuevo gobernador se presentó con su familia y su comitiva ante la Audiencia de Charcas. Allí conocieron a los Mexía Miraval y, enterado el gobernador de la experiencia, valor personal y calidad humana del marido de Isabel de Salazar, lo nombró su maestro de campo-general y sargento mayor de la expedición. Esta se componía de treinta y dos personas, más cuarenta y cinco soldados contratados y más de ciento cincuenta indios de los charcas. Otra vez volvía Isabel a entrar en tierra de diaguitas, juríes y comechingones en la comitiva de un gobernador. Más de catorce años habían pasado desde entonces y Bernardina, su hija mayor, era ya una jovencita que no parecía indiferente a las atenciones del simpático Francisco de Argañaraz, hidalgo vasco que acompañaba a Ramírez de Velazco.

La comitiva paró unos días en la por entonces llamada ciudad de Lerma, en el valle de Salta, donde fueron recibidos con júbilo por los socorros que el gobernador había previamente enviado. Después de tanto bregar el virrey Toledo con Cabrera y Abreu para que realizaran esa fundación tan necesaria en el camino hacia el Potosí, por fin se había hecho realidad en 1580.

Mucho se preocupó don Juan Ramírez de Velazco desde el comienzo de su gobierno en reparar las injusticias que se cometían, no sólo con los indígenas, sino con los más débiles en general. Dictó ordenanzas reglamentando la *"saca de indios"*, flagelo de la región, mandando a los encomenderos que se preocuparan especialmente de las viudas y los huérfanos de los indios de sus encomiendas, obligando a fabricar molinos o atahonas para que éstos no tuvieran que moler a mano el maíz y el trigo y prohibiendo que se separara a los matrimonios de indígenas. También se preocupó de dotar doncellas huérfanas para que pudieran casarsse, sin sospechar jamás que sus propias hijas iban a pasar por esta situación, según se desprende de su información de méritos y servicios en la que Cepeda, presidente de la Audiencia, dice: *"(...) Dejó una mujer muy honrada y principal y un hijo varón que se llama don Pedro y una hija viuda y dos hijas doncellas (...). La viuda, que se llama doña Catalina de Ugarte, y las hijas doncellas quedan pobres y con necesidad (...)"*. El hijo mayor, Juan, había muerto a los 22 años en una campaña contra los calchaquíes *"molidas sus entrañas por el peso de las armas"*, según afirma su propio padre.

Fue bastante frecuente el hecho de que los conquistadores murieran pobres. La causa principal de esto radica en el idealismo y la ambición de casi todos ellos, que los llevaba a vender o embargar sus bienes para llevar a cabo una empresa tras otra. Cuando la muerte los sorprendía en medio de una de ellas, sus viudas quedaban desamparadas y sus hijas sin poderse casar por falta de dote. También Isabel de Salazar pasaría por esta situación después de haber sido su marido uno de los más poderosos encomenderos y hacendados, proveedor de ganado, armas y bastimentos en todas las expediciones, a cuya mesa se sentaban a comer todos los conquistadores que padecían necesidad, según testimonios de sus contemporáneos. Todos sus bienes provenían de sus encomiendas, que fructificaban gracias al buen trato que daba a sus encomendados y a su propio trabajo. Los cargos públicos que tuvo nunca fueron remunerados.

El 20 de noviembre de 1590 Isabel de Salazar despidió una vez más a su infatigable marido, que ahora partiría para España, vía Perú, como procurador de las ciudades de Santiago, San Miguel, Córdoba y Talavera. Esta vez la despedida sería para siempre. Hernán Mexía Miraval no volvería a ver su patria de adopción, la patria que conquistó y amó, viviendo en ella muchos más años de los que viviera en su Sevilla natal.

Antes de partir debió haber tenido la alegría de casar a su hija Bernardina con Francisco de Argañaraz, en quien vio condiciones especiales, pues a la crecida dote de su hija añadió una suma de dinero *"para que fundara una ciudad"*.

Lo encontramos en Madrid en agosto de 1591, presentando al Consejo Real un resumen de lo que realizara en estas tierras y pidiendo en retribución el título de mariscal y maestro de campo perpetuo y el derecho a ocupar el cargo de gobernador cuando faltase el titular. Pedía también para uno de sus hijos la vara de alguacil mayor de la gobernación.

Volvemos a encontrarlo en septiembre del mismo año prosiguiendo las demandas que se habían iniciado contra Hernando de Lerma. Y allí se pierde su rastro: no sabemos cómo ni cuándo ni dónde murió el "caballero ideal de la conquista", como alguien lo llamó.

Al dolor de perder tal marido se añadió para Isabel de Salazar, viuda y con cuatro hijos a los treinta y nueve años, el verse sin medios y obligada a volver a casarse para poder vivir *"conforme a su condición"*. Así lo confiesa ella misma en una carta que envía al rey en 1611 con su hijo Hernando, que ha entrado a la orden de los predicadores. En esa carta, después de mencionar los méritos de su primer marido y todos los gastos de poblamiento que hiciera en tantos años de servicio añade: *"(...) por los cuales gastos y por haber casado dos hijas, quedé en muerte del dicho mi marido tan pobre que no me podía sustentar conforme a mi calidad, de manera que me fuera fuerza, al cabo de algunos años, casar por segunda vez con el general Alonso de Vera y Aragón, otro gran servidor de V.M. que, no embargante los servicios que a V.M. hizo en el reino de Chile y en otras muchas partes, fundó y pobló en vuestro nombre y a su costa, esta ciudad de Concepción del Bermejo (...)"*. ¡Vuelta a empezar, pues, entre indios belicosos e incomodidades de todo tipo que ya creía superadas! Y en esa región, hasta entonces desconocida, de selvas, pantanos y esteros habitados por indígenas frontones y mocovíes que no habían llegado aún a la etapa agrícola, ¡tan distintos de los araucanos, diaguitas y juríes que ella conocía!... Lo cierto es que, en vez de quedarse a gozar de sus nietos, esta mujer ya madura, debe defender la ciudad, en ausencia de su marido, ante un ataque de los indios dando ánimo a los atemorizados soldados, *"(...) asistiendo con mi persona al cuerpo de guardia y acudiendo de mi casa y a mi costa con la munición y vitualla necesaria (...) de suerte que los dichos enemigos no salieron con su intento (...)"*. Muchos años después, en la tranquilidad de su merecido descanso en Jujuy, en casa de su hija Bernardina, recordaría con su parienta doña Inés de Aguilera, la heroína de La Imperial, los similares momentos vividos en lugares tan distantes. También doña Inés había ido a vivir sus últimos años en Jujuy donde su hija, Inés de Córdoba y Aguilera vivía casada con Francisco de Argañaraz y Murguía, nieto de Isabel de Salazar.

Si Hernán Mexía Miraval ha sido llamado "el caballero

ideal de la conquista", Isabel de Salazar, su mujer, es el paradigma de aquellas mujeres aguerridas, trabajadoras, fuertes y sufridas que como la española Catalina Ugarte, las criollas Luisa Martel de los Ríos o Inés de Aguilera, la mestiza Catalina de Castro y tantas otras anónimas o conocidas, formaron hogares, viajaron, pelearon, rezaron y educaron hijos propios y ajenos inculcándoles las cualidades y valores propios de la América hispana.

Jerónima Contreras

Las ruinas de Santa Fe la Vieja, sacadas a luz por don Agustín Zapata Gollán a mediados de este siglo, muestran como preciosa reliquia los últimos restos mortales del gran criollo Hernandarias. Este personaje de nuestra historia colonial quizás suene algo más familiar a la mayoría, a pesar de nuestros planes de enseñanza que han pretendido ignorar o minimizar casi tres siglos de nuestra historia. Es que su personalidad es tan fuerte que rebasa la historia oficial para vivir en la oral, la que se aprende de padres a hijos y de abuelos a nietos, sobre todo en el Litoral, la tierra donde vivió. Junto a él reposan los restos de su mujer, Jerónima Contreras, más conocida como "la hija de Garay". Lo que pocos saben es que gracias a su testamento pudieron ser descubiertos y rescatados del olvido los restos del gran gobernador criollo y, junto con ellos, los de la única ciudad del siglo XVI que existe en nuestro país tal cual era entonces.
"Mando que cuando Dios fuere servido de llevarme de esta presente vida" —dice en su testamento— *"mi cuerpo sea sepultado en la iglesia del convento de San Francisco desta ciudad de Santa Fe (...) y sea en la Capilla Mayor, al lado del Evangelio, donde está sepultado mi marido Hernandarias de Saavedra."* Cuando Zapata Gollán, guiado por su intuición y por lo que decía la gente del lugar, eligió el sitio de Cayastá para comenzar las excavaciones, no tuvo

más que aplicar sobre la vieja Santa Fe el plano de la nueva, que, trasladada en 1660, había repetido exactamente el esquema anterior, respetando los solares correspondientes a la Iglesia matriz, al Cabildo, al Colegio de los jesuitas, a los conventos de San Francisco, Santo Domingo y La Merced y a los demás vecinos de la ciudad. Gracias a estas circunstancias y a datos extraídos de diversos documentos, pudo recomponerse la traza de la ciudad fundada por Garay en 1573.

Jerónima Contreras, hija de Juan de Garay e Isabel de Becerra, casados en 1564, había nacido en Santa Cruz de la Sierra y pasado su primera infancia en Asunción, según se desprende de una carta de su padre al rey donde dice que en 1568 se trasladó desde Santa Cruz a la Asunción *"con su mujer e hijos"*. Tendría alrededor de ocho años cuando su familia se radicó en Santa Fe, en el solar de media manzana frente a la plaza. Después de una infancia tan viajera cruzando leguas de selvas y ríos, nunca más saldría de los límites de ese solar y esa casa, que fue luego de su marido Hernandarias. Junto con el siglo se asentaban las ciudades y se aquietaban los ánimos.

Fue allí, en la casona junto al río, donde la conoció Hernandarias de paso para Buenos Aires, arreando caballos y vacas para la nueva fundación. Fue allí donde se casó y donde esperó día a día y mes a mes a su ajetreado marido. Fue allí donde nacieron sus tres hijas y murió una de ellas. Allí también las casó con dos nietos de Jerónimo Luis de Cabrera, como correspondía a dos nietas de Juan de Garay. Allí recibió a sus nietos en las raras visitas que le hacían desde Córdoba. Y allí también, pasó sus últimos años, en la soledad de la desmantelada casa solariega, sin poder moverse de la cama, visitada de tanto en tanto por su confesor, el franciscano fray Juan de Buenaventura y por su sobrino, el general Gristóbal de Garay y Saavedra. Su testamento, escrito en 1643, y los tres codicilos, uno de 1645 y los otros de cuatro años después, algo nos dicen de los pensamientos, recuerdos y cargos de conciencia de esta mujer, ya anciana y enferma, que esperaba la muerte de un momento a otro para pasar a una vida mejor.

Como ráfagas cruzarían por su mente los recuerdos: su infancia criolla en Asunción, rodeada de servidores indios, en una aldea llena de sol desde donde bastaba cruzar el río para encontrarse en medio de la selva. Nada tenía que ver esa realidad con lo que le contaba su madre de una ciudad toda piedra y silencio, allá en la extremeña Medellín, la tierra más áspera y ruda de esa desconocida pero omnipresente España. También su padre le hablaba a veces de grandes casonas blancas, de muchas ventanas y techos negros que se destacaban en el verdor de un paisaje siempre húmedo y cercano a un mar tan inimaginable para ella como la propia España. Sus ojos veían cosas muy distintas: el ancho y profundo Paraná, padre de los ríos, por donde habían llegado un día navegando desde Asunción hasta otro río más pequeño, el San Javier; los montes de algarrobos, talas, ceibos y espinillos; las casas que se iban levantando de a poco y con esfuerzo sobre la barranca junto al río, en la nueva ciudad de Santa Fe de la Vera Cruz, rodeada de viñas y arboledas; más allá los trigales que ondulaban en las chacras o *"tierras de pan llevar"* y, más lejos aún, el campo inmenso habitado por distintas tribus de indios, amigos y enemigos.

Mientras tanto el que sería su marido, nacido como ella en la tierra y de padres que también venían de un mundo muy distinto, se ejercitaba desde los catorce años en *"malocas y correrías"* por los alrededores de Asunción. Había comenzado su vida hacia 1562 en un hogar donde siempre oía hablar con respetuoso temor de "nuestro rey Felipe, que Dios guarde", invisible y todopoderoso personaje de quien podían esperarse todos los favores, justicia y castigos. Su padre, Martín Suárez de Toledo, llegado a estas tierras con el adelantado Alvar Núñez, había sido teniente de gobernador en Asunción cuando Garay fundara Santa Fe. Su madre era doña María de Sanabria, una de las mujeres que habían cruzado la selva desde el lejano océano. Su medio hermano, Hernando de Trejo y Sanabria, sería el primer obispo criollo del Tucumán. Había hecho con los franciscanos sus primeros estudios, y ellos le habían inculcado el amor y el temor a Dios. Su infancia había transcurrido también entre el mundo real, poblado por indígenas, por algunos españoles y por cada vez más *"mancebos de la tierra"*, mestizos o criollos como él, y el mundo ideal, pintado por sus padres y por los misioneros, al cual sólo se podría acceder a través de las grandes hazañas, quimeras o aventuras. No es extraño que, al oír hablar de que Abreu, gobernador del Tucumán, estaba preparando una expedición a los Césares, corriera a alistarse en sus filas cuando apenas tenía 18 años.

Por ventura, no todos los capitanes españoles vivían pensando en el oro. Otros más sensatos y probos, como Juan de Garay, querían capacitar la tierra y los hombres para que fueran posibles el trabajo del campo y el intercambio, que traerían la riqueza a ese despreciado litoral. *"Abrir puertas a la tierra"* era su mandato y su deseo. Por ese motivo había vuelto a Asunción en 1579 para convocar a los hombres y mujeres que quisieran acompañarlo en esa tarea. Y la respuesta de los hijos e hijas de la tierra fue masiva: ochenta de ellos, muchos con sus esposas y sus hijos. *"En un navío de camino"* —escribe al rey Martín Orúe— *"va río abajo el hidalgo Juan de Garay con nueve españoles y (...) ochenta mancebos, y bien mancebos, nacidos en esta tierra"*. ¿Era esto considerado un timbre de gloria entre los metropolitanos? ¡por el contrario! Los *"mancebos o hijos de la tierra"*, en su gran mayoría mestizos, tenían fama de levantiscos y poco obedientes a sus padres españoles, con quienes no se sentían muy identificados: sus padres habían venido a conquistar una tierra que ellos consideraban suya, pero tanto sus padres como los demás peninsulares que iban llegando se creían con más derechos que ellos a gobernarla. Desde el primer momento habían advertido los mayores el peligro, y así lo denuncia al rey el tesorero Hernando de Montalvo en varias ocasiones al ver que *"(...)*

van cada día en mayor aumento los criollos y mestizos, diestros a pie y a caballo, tanto para el trabajo como para la guerra, y aspirando a repartirse entre ellos los oficios de la república en detrimento de los españoles que por tal motivo se sienten agraviados y desposeídos". Una vez fundada Buenos Aires su reclamo se hace más urgente destacando, en 1585, *"la gran necesidad que estas provincias al presente tienen de gente española, porque hay ya muy pocos de los viejos conquistadores y la gente de mancebos, tanto criollos como mestizos, son muchos y cada día más desvergonzados de sus mayores (...)".* Fue de lamentar para el futuro de España y los nuevos reinos que la corona y el Consejo de Indias, alarmados ante denuncias de este tipo e imbuidos también ellos de prejuicios, incrementaran el número de funcionarios españoles en detrimento de los criollos en lugar de disminuirlos a medida que estos aumentaban. A lo largo del siglo XVII es un clamor el que se eleva desde América hacia la metrópoli pidiendo funcionarios nacidos aquí o por lo menos *"que entiendan de las cosas de la tierra".* Por el contrario, esta tendencia a mandar funcionarios de la península se acentuará con los Borbones hasta culminar, como reacción, en las sangrientas revoluciones americanas del siglo XIX.

Los europeos, en general, consideraron siempre a los americanos "ciudadanos de segunda", inventando toda clase de argumentos que pretendían ser racionales para negar o disminuir la capacidad intelectual de indios, mestizos y hasta criollos. ¡Si se llegó a decir, en el siglo XVIII, que la exuberancia y desmesura de la naturaleza americana era un signo de su degeneración! (No debería causarnos tanta extrañeza si consideramos que aún hoy, en vísperas del siglo XXI, el eurocentrismo y el complejo de superioridad siguen vigentes en parte del vulgo europeo, como lo demuestra el despectivo "sudaca" y otros motes aplicados a los latinoamericanos.)

Todos los llamados "mancebos de la tierra" habían recibido educación española pero, a la vez, la influencia indígena de sus madres o sus amas de leche. Estaban acostumbrados a la vida en medio de la naturaleza y a la libertad de los grandes espacios. Fray Juan de Rivadeneyra traza de ellos este retrato: *"(...) son también llamados mancebos de garrote, porque como no hay espadas, traen unos varapalos terribles, como medias lanzas (...) todos son muy buenos hombres de a caballo y a pie, porque sin calceta ni zapatos los crían, que son como unos robles (...) son lindos arcabuceros e ingeniosos y osados en la guerra, aunque en tiempos de paz no muy humildes ni aplicados a trabajo de mano".* Fue con estos sujetos díscolos pero llenos de entusiasmo y vitalidad que Garay pobló la ciudad de la Trinidad y puerto de Santa María del Buen Ayre ese 11 de junio de 1580.

Ataviados con sus mejores galas, españoles, criollos y mestizos asistirían hermanados en el trascendente momento de fundar una nueva ciudad. En lo que sería la plaza mayor se levantó la cruz y se plantó el árbol con el rollo de la justicia. Garay tiró las estocadas y pronunció las palabras de rigor. Una vez más se cumplía la ceremonia medieval. Se habían abierto puertas a la tierra y Buenos Aires empezaba su vida.

Inmediatamente los nuevos ciudadanos se pusieron a trabajar. Junto con los solares urbanos y las huertas, recibieron los primeros pobladores lotes para chacras y estancias. Las chacras, de 300 a 500 varas de ancho, iban desde la ermita de San Sebastián (Retiro) hasta el río de las Conchas (Tigre). Allí comenzaban las estancias de 3.000 varas de frente por 9.000 de fondo, lo que sería una legua y media. A estas estancias estaban destinadas las vacas, yeguas y caballos que Hernandarias "el mejor gaucho de su tiempo" según Raúl Molina, arriara durante 250 leguas, desde Asunción. A pesar de este titánico esfuerzo, como era menor de 22 años y soltero no se le pudo adjudicar ningún solar, chacra ni estancia como a todos los demás. Sin embargo ayudó durante seis meses a los nuevos pobladores.

No sabemos si fue a la ida o a la vuelta de Buenos Aires

cuando se conocieron en Santa Fe Jerónima y Hernandarias. Garay escribe al rey en 1582 para ver si puede arreglar el problema de las dotes de sus *"tres hijas casaderas"* y asegurarles un buen porvenir alargando por dos vidas el derecho a tener encomiendas a quienes se casaran con ellas. Pero no podemos saber si tuvo el gusto de verlas casadas antes de ser asesinado por indios de guerra a fines del 83. Su muerte sumió en el dolor y la consternación a cuantos le habían seguido en sus empresas. Desde Charcas el adelantado Vera y Aragón pensaba preocupado con quién reemplazaría a tan ilustre general en esa gobernación que quedaba *"sin cabeza"*. Cuando finalmente él mismo bajó a Asunción en 1587 tuvo oportunidad de conocer al joven Hernandarias, y quedó impresionado por su seriedad. Hacía dos años había ayudado a su sobrino Alonso de Vera y Aragón a fundar Concepción del Bermejo colaborando generosamente con *"mucho aparato de criados, caballos y yeguas, armas, municiones y otros muchos pertrechos y cosas necesarias a su costa y minsión"*. Ahora colaboraría con Torres de Vera en la empresa de fundar la ciudad de Corrientes, en la otra banda del Paraná. El Litoral se estaba despertando y Hernandarias sería uno de los principales responsables de este despertar.

Es en defensa de esta tierra atacada por los naturales cuando Hernandarias, sin querer hacer reposo en medio de una grave enfermedad, sufre posiblemente una hemiplejia que lo deja desfigurado, con la boca torcida y medio sordo. ¡Y estaba recién en los comienzos de su brillante carrera como gobernante! Allí donde otros habían fracasado, este criollo triunfa ampliamente: en 1592 es reconocido por el Cabildo de Asunción como teniente de gobernador según lo expresan los cabildantes: *"se eligió al capitán Hernandarias de Saavedra, hombre de mucha experiencia y muy apto y suficiente para el gobierno de esta provincia, el cual ha hecho en bien y aumento de la tierra más en cuatro meses que todos los demás en muchos años (...)"*.

Quizás por la falta de comunicaciones de los comienzos

o por el menor interés que suscitara en la Corona, desde su nacimiento el Litoral fue más progresista e independiente que las otras regiones. Irala fue el primer gobernador elegido en la tierra, y es conocida como "la rebelión de los siete jefes" el alzamiento de los mestizos santafecinos que terminó en sangrienta represión en ausencia de Garay. Ahora el Cabildo de Asunción exigía del rey el nombramiento de gobernantes que estuvieran al tanto de los problemas, en concreto, el nombramiento de Hernandarias, *"porque si de España viene persona que no sea veterano en la tierra (...) y no se premia a los que han trabajado la tierra (...) pasarán mil vejaciones"*. Recién en 1597 Hernandarias es confirmado por el virrey del Perú en el cargo de gobernador del Río de la Plata y el Paraguay, pedido por el Cabildo y el pueblo. Ocupará ese cargo durante cuatro períodos, algo que nunca volverá a repetirse.

El nombramiento lo sorprende en su casa de Santa Fe, donde Jerónima y sus hijas se han acostumbrado a verlo por temporadas y cuando sus ocupaciones lo permiten. Pero cuando está allí ¡qué actividad la suya! Con troncos de palma a falta de tejas, hace cubrir el techo de la iglesia y el convento de San Francisco. No contento con esto hace construir una fábrica de tejas para que no faltara en Santa Fe este elemento tan superior a la paja y que daba a la ciudad cierta categoría. El padre Furlong cita esta relación suya de 1604 donde se enorgullece de lo hecho: *"Porque por la perpetuidad y lustre de todos los edificios y particularmente de las iglesias, hacía gran falta en toda esta gobernación la teja, he dado orden que se haga en la ciudad de Asunción Santa Fe y Buenos Aires y se va haciendo con gran diligencia y cuidado, siendo yo el maestro de ella y de estas obras, de que me aprecio mucho"*. Y el padre Lozano cuenta que no sólo él sino también sus tres hijas *"doncellas honestísimas"*, ayudaron acarrear tierra para la construcción de la iglesia de la Compañía en Santa Fe.

Las construcciones eran precarias, pues en la zona no había más que madera y barro. Era necesario rehacer constantemente los muros de tierra apisonada, llamados también "de tapia". Para levantarlos se hacía primero un encofrado de tablas lisas y bien cepilladas llamadas "tapiales" que eran rellenados con tierra húmeda y apisonada. Donde debían ir las aberturas de puertas y ventanas, se colocaba un dintel de madera labrada. Una vez que la pared estaba dura, se retiraban los tapiales, que seguían usándose durante años. El revoque se hacía con una mezcla de tierra, arena y estiércol seco y molido de caballo, mezclado con agua o con estiércol de vaca. Las salas y aposentos se disponían uno en pos del otro, tratando de que las puertas no coincidieran en hilera.* En el medio había patios destinados a distintos usos: el primero, al cual generalmente daba una galería donde podía gozarse en verano de la sombra y el aire, era el más arreglado con flores y plantas frutales; sobre el segundo o el tercero, según la importancia de la casa, daban la cocina, despensa y habitaciones de los criados. Allí solía estar la huerta, el gallinero, los corrales y los depósitos para herramientas, armas y aperos. También solía haber en las casas atahonas para moler el trigo que se cosechaba en las chacras. La casa de Hernandarias y Jerónima era *"de mucha ostentación, con escudo de armas doradas en la puerta y cadena en el zaguán"*.**

De constructor de iglesias y fundador de ciudades, la polifacética personalidad del gobernador criollo pasaba a protector de indios, amigo y colaborador de los jesuitas, explorador de la Patagonia hasta el Río Negro o fiscal de contrabandistas en Buenos Aires. Es harto conocido el verdadero "duelo" que tuvo con un grupo de inescrupulosos porteños que llegaron a ponerlo por seis meses en prisión

---

* Datos extraídos del libro de Luis Calvo, *Santa Fe la Vieja. 1573-1660*.

** Estas cadenas, que aún se pueden ver en ciudades de España como Avila, simbolizaban nada menos que el derecho de asilo, privilegio que muy pocos nobles tenían de asilar en sus casas a los perseguidos por la justicia, como si se tratara de "lugar sagrado".

y confiscar sus bienes. De todo este largo y enmarañado pleito queremos rescatar tan sólo dos citas. Una referida a su patrimonio y otra que nos muestra su sensatez y sabiduría en el serio conflicto de poderes entre el obispo Carranza y el gobernador Céspedes. Consultado sobre este conflicto, el discreto hijo de la tierra escribe desde su casa en Santa Fe que pronto irá a Buenos Aires a tratar de poner paz entre los representantes del poder de la Iglesia y el poder del Estado. Con una sola frase pone a cada uno en su lugar: *"No les pediré cosas injustas, sino, con la palabra de Cristo nuestro Redentor, [diré] que a Dios se dé lo de Dios y al César lo del César; que al señor obispo obedezcamos todos en lo espiritual y al gobernador en lo temporal (...)"* y por si no ha sido suficiente claro, agrega: *"(...) el señor obispo y sus clérigos acuda a hacer oraciones y a pedir a Dios Nuestro Señor nos libre de los enemigos holandeses que en estos tiempos amenazan tanto; y al gobernador obedezcan todos como a capitán general".* En cuanto a su patrimonio, podemos conocerlo por el juicio y recuento de bienes que se le hace con motivo de su prisión. Es interesante observar que son todos "bienes de producción": ganado que ha de multiplicarse en las estancias, una atahona para moler el trigo y el maíz de sus chacras, carretas y barcos para llevar a vender lo producido, un telar para fabricar tejidos y *"telas de la tierra".* También aparecen esclavos, que el gobernador adquiriría en pago a sus funciones como juez de decomisos. Muchos años después, en el testamento de doña Jerónima hecho en 1643, vemos que su número ha aumentado hasta sesenta y cuatro y en el codicilo de 1649 a sesenta y cinco.

Venidos del Congo, de Angola, Guinea o Mozambique, inhumanamente hacinados en los barcos negreros, el número de esclavos crece a la par que el poder adquisitivo de los habitantes de nuestro territorio. *"El que no tiene negros es aquí un pobre miserable",* escribe el padre Zurbano desde Santiago del Estero en 1637. Es así como doña Jerónima llega a tener sesenta y cinco esclavos repartidos en sus estancias y casas o en las de sus parientes. Algunos, por su fidelidad y buen servicio, se ganan la libertad, como *"Pedro, casado, el cual le ha servido muy bien y con amor y lealtad y es cristiano y de buenas costumbres (...) por lo cual le da y dona de gracia la libertad (...) para que pueda disponer de sí y de los bienes que adquiriere lo que quisiere, y hacer escrituras y contratos y lo demás, como persona libre"*. Pide también que se permita al negro Lorenzo, con su mujer y sus hijos, elegir la persona que va a servir *"porque le tiene voluntad y le ha criado"*.

En 1643 había dejado doña Jerónima al convento de San Francisco *"una negra llamada María, para que barra la iglesia"*; en el codicilo de 1649 revoca esta donación para ampliarla: la negra María volverá *"al cuerpo de su hacienda"* pero, en cambio, serán entregados para trabajar en el convento *"un negro llamado Luis, con su mujer Victoria y cuatro hijos que tienen y son Domingo, de cuatro años, María, de dos años, Isabel, de un año y Juana, de seis meses, para que los ocupen en los ministerios de dicho convento"*.

El hecho de que se favorecieran los matrimonios entre esclavos y que, en general, recibieran buen trato, fue otra de las causas de su gran aumento demográfico a lo largo del siglo XVII. Aclara el codicilo que ninguno de estos esclavos podrá ser vendido ni trocado ni obligado a viajar fuera de Santa Fe, lo cual era un modo de mantener unida a la familia.

En el segundo codicilo, donde aparecen los nombres de los sesenta y cinco esclavos, vemos que casi todos están casados y con varios hijos. Da la impresión, además, de que doña Jerónima los conocía perfectamente a todos. *"Manuel, que está en Córdoba en casa de doña María Sanabria, su hija (...). Ambrosio, casado con negra de Pedro Ramírez de Velazco, Manuel, el cojo, Ana, casada con un indio (...) Blanca y su marido Sebastián, con cuatro hijos: Baltasar, María, Sebastiana y Catalina; Micaela, mulata, y su hija Gabriela (...) Juan y su mujer Margarita con dos hijos:*

Esperanza y Roque y otros dos de otra mujer, llamados Miguel y Juana, ésta con una cría llamada María, Lorenzo y su mujer María con cuatro hijos (...) Mateo y su mujer Dominga con cuatro hijos (...).

Parece que generalmente hubo una buena relación entre los servidores negros y los amos blancos. Causa extrañeza que, en cambio, habiendo sido Hernandarias tan gran defensor de los indios, su mujer parezca tenerles poca simpatía y no sentirse para nada en deuda con ellos a juzgar por el segundo codicilo, donde dice: *"(...) después que murió el gobernador Hernandarias, su marido, y en vida del susodicho, se ha servido la testadora de algunos indios e indias de los encomendados en su casa, de los cuales algunos se han muerto y otros viven en su pueblo y natural, que es la reducción de Santa Lucía, en la casa y chacra de la testadora. Y aunque no siente según la forma en que la han servido, que les deba cosa alguna, para mayor saneamiento de su conciencia y del dicho su marido, es su voluntad y manda que por los indios e indias difuntos se digan cien misas (...) y entre los que estuvieren en la dicha reducción de Santa Lucía o en otra parte, se les repartan 200 pesos de ropa u otras cosas (...)".*

Dice Molina que Hernandarias "fue considerado con razón, como el hombre más poderoso y emparentado de la provincia", pero es necesario aclarar que esta riqueza en tierras, ganados y esclavos no significaba riqueza en metálico. El ganado rendía sólo si se podían hacer las "vaquerías"* necesarias para vender el cuero y el sebo o mandar el ganado, como dijimos, con los troperos o arrieros a vender al Perú. La moneda era escasa y por lo tanto muy difícil adquirir mercaderías. Por eso no es un contrasentido hablar de la pobreza de Hernandarias, como lo hace su propia suegra, Isabel de Becerra, que, por lo menos hasta el 1608, fecha en que escribe al rey, vivía con ellos en Santa Fe. En

---

* Expediciones en las que se juntaban los animales, se los mataba y carneaba.

esa carta, citada por Cervera, doña Isabel exalta los buenos sentimientos de su yerno, quien, a pesar de ser pobre, sostenía no sólo a su familia sino a su madre, a sus hermanas y a ella misma. No es extraño que, con su muerte, se acentuaran los problemas económicos. ¿De qué le servía a doña Jerónima tener más de 10.000 vacas si no había quién le hiciera las "vaquerías"? Lo peor es que había quien las hacía en la otra banda del río en forma clandestina, aprovechando la falta de vigilancia. Es por eso que se queja de *"no tener persona que acuda a su favor"* y que se lamente de no tener quien la ayude *"como mujer vieja, viuda y sola indefensa"*.

Los bienes muebles e inmuebles que declara en su testamento son: la casa donde vive, una chacra, a cinco leguas de la ciudad donde se siembra y cosecha trigo y maíz, con una atahona y dos estancias, la del Salado Grande, a doce leguas de Santa Fe, con doscientas vacas y más de mil ovejas y la de la otra banda del Paraná, donde la hacienda se había multiplicado en forma asombrosa. Los muebles son muy pocos: un escritorio donde guarda sus papeles, seis sillas nuevas y algunas viejas, una cama con cortinas de algodón, sobre cama y antecamas coloradas, dos mesas grandes, diez cofres grandes y chicos para guardar la ropa, vajilla de plata, un cernidor, etcétera.

El gran lujo es la capilla, adornada en una época *"con muchas láminas de precio"*, donde fray Juan de Buenaventura celebraría a diario la misa, con todos los vasos sagrados: cáliz, patena, vinajeras, etcétera, que serían donados al convento de San Francisco. Y dentro de la capilla, la joya más preciada: *"una imagen de la Limpia Concepción, con su corona de plata"*, que hoy se venera en el convento de San Francisco de la nueva Santa Fe, a donde fue llevada cuando el traslado de la ciudad en 1660.

Tanto su testamento escrito cuando tenía casi ochenta años como los codicilos de dos y seis años después, muestran una persona no sólo en su sano juicio sino con una gran lucidez.

Mucho tiempo debe haber tenido, en esas largas y solitarias jornadas pasadas en cama, en su gran casona cada vez más desprovista de muebles por donaciones a los suyos, para reflexionar sobre el pasado, el presente y el futuro. Recordaría los pocos momentos en que pudo disfrutar la compañía de su marido, el casamiento de Isabel con Jerónimo Luis de Cabrera, su sobrino, hijo de su hermana María de Garay y del desdichado Gonzalo Martel de Cabrera. Por cierto que recordaba en detalle lo que les había regalado en esa ocasión: *"una gargantilla, un apretador y un par de zarcillos de oro; dos anillos con sus piedras de precio y cuatro vueltas de perlas gruesas de mucho precio; la vajilla de plata formada por dos platones, doce platillos, doce cucharas, tres tenedores, un salero grande de tres piezas, una olla grande con su tapa, un purure (¿mate?), una cuchara grande, dos candeleros, todo de plata. Dos escritorios, uno grande y otro pequeño, labrados con marfil* (traídos seguramente desde Filipinas), *y una alzaprima"*. Ahora, su estricto sentido de justicia le hacía ver que María, casada poco después con Miguel Jerónimo de Cabrera, había resultado perjudicada en el reparto, por lo que debería recibir mayor proporción de herencia. Sabemos, sin embargo, por la denuncia aquella que hicieron sus enemigos, que la dote de María sumaba treinta mil ducados en: *"treinta piezas de esclavos negros y negras, cuarenta carretas, cien bueyes, cadenas de oro y perlas, joyas y plata labrada, vestidos y menaje de casa"*.

En sus disposiciones no quiere doña Jerónima olvidar a nadie ni ser injusta. Sobre todo, quiere ayudar a los más necesitados y por esto, en el último codicilo, detalla algunas donaciones: cuando pasen a vaquear las 10.000 cabezas de ganado que pacen en la otra orilla del Paraná, el producto de las 4.000 primeras deberá ser repartido entre los más pobres, según el criterio de sus albaceas, fray Juan de Buenaventura y don Cristóbal de Garay y Saavedra. Lo que se saque de las otras 6.000 será para la compra de ornamentos para *"el convento del señor San Francisco de esta ciudad"*.

En su testamento había dejado para ser repartidos entre las personas más necesitadas, su cama, sus vestidos y toda su ropa blanca. Recordando después, en sus noches de insomnio, a algunos parientes pobres, pide a sus albaceas que entreguen a doña Leonor Ortiz de Melgarejo, su sobrina, mujer de Francisco Monzón, toda la ropa blanca que les pareciere; a Paula, la huérfana criada en casa del capitán Bernabé Sánchez *"una de sus sayas o faldellines y una camisa de las mejores que tuviere"* y a Micaela, una esclava suya, *"por lo bien que la ha servido, una de sus cajas* (cofres donde se guardaba la ropa) (...) *y un vestido, saya y jubón de bayeta negra de la tierra".* En esta minuciosa búsqueda recuerda que prestó a Juan Fernández, herrero, *"una fragua con todos sus adherentes"*, y resuelve regalársela *"por ser hombre pobre con mujer e hijos, para que los sustente y todos tengan cuidado de encomendarla a Dios Nuestro Señor".* En su chacra tiene una campana de bronce y una cruz muy alta de madera... "que se las den al convento de Nuestra Señora de la Merced, que está tan carenciado". Sus nietos la visitan poco y ella no olvida que dio a Pedro Luis tres mil vacas y un cabestrillo y cintillo de oro evaluados en dos mil pesos; hay que descontarlo de la herencia. Lo mismo deberá hacerse con los 230 pesos en ropa de la tierra que Francisco y Jerónimo, sus otros nietos, hijos de Isabel, *"sacaron de la tienda de un mercader"*, poniéndola a su cargo. En cambio pide no se tengan en cuenta las vacas que vaqueó Pedro Ramírez de Velazco, casado con su nieta Juana de Cabrera y que, por el contrario, reciban cuatro esclavos en donación *"por el amor y voluntad que de ellos tengo".* Tenía sus razones para hacerlo: eran los únicos parientes que la acompañaron y la asistieron en su enfermedad durante dos años. A sus nietas monjas en el convento de Santa Catalina de Córdoba, María, Catalina y Jerónima, hijas las tres de María de Sanabria, les deja 6.000 cabezas de ganado y otras 6.000 a su sobrina Antonia de Cabrera, también cordobesa. Se ha enterado de que su sobrino *"el muy reverendo padre custodio fray Juan de Garay"*, está en España *"en extrema necesidad"*. En seguida le ha enviado 400 de los 500 pesos en reales que tenía reservados para su entierro *"y es su voluntad que no se los pidan porque su intento fue dárselos de limosna porque la encomiende a Dios"*. También quiere mandar a España una donación en reales para las hermanas de fray Juan de Buenaventura, su confesor, que durante años la ha atendido en sus trabajos y enfermedades *"en remuneración de alguna parte de lo mucho que le debe y para descargo de su conciencia"*. Sabe que ambas, María y Catalina Sánchez, desde su pobreza extremeña en el Pedroso, recibirán con agradecimiento esa inesperada limosna venida de América.

Durante los cuatro años que van del primer al segundo codicilo, doña Jerónima debe haber meditado mucho sobre las reacciones que podría provocar su testamento entre sus herederos. Preocupada por los posibles pleitos que pueda haber entre ellos, se desdice de lo anterior y *"manda y pide que los unos a los otros no se pidan cuenta de lo que les ha dado la testadora (...) porque de todo lo demás que cada uno de ellos hubiere recibido (...) les hace gracia y nueva donación (...)"*.

En un afán escrupuloso declara tener, además de lo dicho en el testamento: "un candelero de plata y cuatro de aljófar y tres paños negros de algodón para iglesia y una sartén y una piedra grande de amolar con su siguemula de hierro y veintidós bueyes en la chacra y los aperos y herramientas a cargo del negro Manuel (...) y un espejo grande dorado (...) y también tres tachos de cobre, *'uno grande, de nueve arrobas, para cocer el vino'*". ¿Servirían los otros para hacer los dulces provincianos de nuestras abuelas: de higo, de zapallo, de naranja, de ciruela o quizás las ricas ambrosías y el dulce de leche revuelto con palo de higuera?

Imaginamos a la viuda de Hernandarias en esa tardecita de febrero en que se han reunido en su casa sus buenos vecinos que harán de testigos: Miguel Martín de la Rosa, Francisco de Lerma Polanco, Simón y Manuel Rodríguez acompañados de sus mujeres que han aprovechado la ocasión para pasar a saludar a doña Jerónima... ¡enferma desde hace tanto tiempo la pobre...!

Está por llegar el alcalde, capitán Tomás de Santuchos y sus albaceas, su sobrino Cristóbal de Garay y Saavedra y el fiel fray Juan, con el agregado del general Diego de Vega y Frías, a quien ella ha rogado que lo sea *"por la gran satisfacción que de su persona tengo"*. ¡No estaba tan sola doña Jerónima! A pesar de que sus parientes más allegados la visitaran poco, ella había sabido hacerse de un grupo de amigos que de tanto en tanto acudían a saludar a la anciana y oírla hablar de su ilustre marido. La mulata Micaela, ayudada por su hija, atiende a las visitas ofreciéndoles bizcochos y el infaltable mate de plata. Del río viene un aire fresco que alivia el último calor de la tarde. Entre murmullos y conversaciones el mate pasa de mano en mano. Mientras sorbe plácidamente el suyo, se pregunta doña Jerónima por qué su marido había sido tan poco amigo de la yerba, "oro verde" para unos y "vicio" para otros. Decía él que era ocasión de ocio para *"vagos y malentretenidos"* y una vez llegó a quemar varios kilos de yerba en la plaza. Muy distinto opinaban sus amigos los jesuitas de las reducciones del Paraguay, quienes consideraban al mate estimulante y digestivo y, sobre todo, un sustituto del alcohol para los indios de las misiones...

Cuatro días después doña Jerónima, no sabemos si por escrúpulos de lo que había olvidado o para volver a repetir tan agradable reunión, vuelve a llamar a todos para un tercer codicilo que quiere agregar a su testamento. A los antedichos se suman tres personas más: Mateo de Lencinas, ayudante del capitán Manuel Rodríguez, Juan Fernández Romo y Francisco Monzón, regidor y fiel ejecutor. ¿Qué atracción tiene esa casa para que se reúna tanta gente? ¿Acaso va a contar doña Jerónima, como ya lo hiciera tantas veces, la anécdota de cuando conoció a Juan Drake, sobrino del famoso corsario sir Francis? Fue en marzo de 1584. Ella estaba recién casada y hacía poco que había muerto su padre. Una mañana la joven ciudad fue sorprendida por un hecho insólito: tres hombres rubios, con sus ropas desgarradas y evidentes signos de agotamiento habían llegado escapando de los indios charrúas. Hablaban un extrañísimo idioma que nadie en la ciudad comprendía. ¿Quiénes eran? ¿de dónde venían? Felizmente, estaba de paso un vecino de Asunción, llamado Juan Pérez y sedicente inglés, quien se ofreció a traducir ante el escribano Francisco Pérez de Burgos, lo que declarara el más decidido y joven de los tres hombres. Todo Santa Fe se reunió para enterarse de algo que aún no sabía mucha gente en Europa: sir Francis y sus hombres habían zarpado y vuelto al puerto de Plymouth, cruzando el estrecho de Magallanes y dando de este modo la vuelta al mundo. Nombres harto conocidos como Valparaíso, Callao y Paita se alternaban en la narración con otros tan exóticos como "islas de los Malucos" o "Java", isla donde, según el inglesito, *"unos indios que andaban vestidos les dieron arroz, vacas, gallinas y cazabe"*. Después de doblar el Cabo de Buena Esperanza, pasando por Sierra Leona y no parando más desde allí, con un solo navío de los cinco que partieran, *"llegaron a Inglaterra al puerto de Plemua (sic) a donde descargaron todo el oro y plata y lo llevaron al castillo de Plemuz (sic) (...) y que el dicho Francisco Drake fue desde el castillo con la mitad de la plata y el oro a Londres, y que por ser mozo no sabe ni supo lo que se le dio a la reina ni con lo que se quedó el dicho Francisco. Y que todo esto que dicho tiene juró el dicho Juan Pérez atestiguando ser verdad lo que le ha dicho el dicho Juan Drake (...)"*. No sabemos, porque se guardan bien de decirlo, qué estaban haciendo en el Río de la Plata y sus alrededores estos piratas ingleses. Lo indudable es que sus narraciones y su presencia deben haber despertado inquietud por conocer otras tierras entre quienes nunca habían salido del pago chico.

Muchos años han pasado y volvemos a la casona con escudo de armas en el portal, atravesamos el patio y la galería y entramos en la habitación donde *"enferma en una cama"* con cortinas de algodón blanco y colcha de raso colorado, doña Jerónima va a añadir un tercer codicilo a su testamento. ¿Qué la inquieta ahora? Lo primero, se ha enterado que debe al padre Andés de Orona, presbítero de los naturales de la ciudad la cantidad de ¡sesenta pesos! por atender a los indios de su casa. Ella lo ignoraba pero *"le da crédito porque es sacerdote"*. Como ni esa suma tiene, recurre como siempre a sus vaquitas, para pagarle en ganado. Otra cosa que la inquieta es que Ventura, el muchachito que ella criara en los últimos años, ha crecido de repente, como suele suceder, y no hay ropa que le venga bien. Manda pues *"que se le de un vestido de paño de Quito, ropilla, calzón y capote, con dos camisas de lienzo de la tierra y lo que costare, se saque de sus bienes"*. Por último vuelve a reiterar el extraño y misterioso pedido que hiciera ya en 1543 de reservar mil pesos *"por cierto descargo de mi conciencia que le tengo comunicado a mi capellán y a mi sobrino don Cristóbal de Garay y Saavedra, mis albaceas"*, agregando que también está en el secreto el general Diego de Vega y Frías, nuevo albacea y confidente.

Libre ya de todo escrúpulo o cargo de conciencia no necesita decir nada más: hacía seis años que tenía preparado y dispuesto el momento de su muerte. Con el hábito de San Francisco, el santo más amado, sería enterrada en su iglesia, al lado de su marido. El cortejo fúnebre partiría de su casa precedido por la "cruz alta" de la iglesia mayor y acompañado por *"todos los sacerdotes que hubiere en la ciudad"* llevando velas de cera encendidas, pagadas por las cofradías a las que pertenecía. Ya en la iglesia de San Francisco se le cantaría una misa de Requiem seguida de misas en los días siguientes, al cabo de año y en algunas fechas especiales.

Todos los lujos que podían quedarle (cortinas y sobrecamas de raso, dos mesas grandes, etcétera) serían para preparar el Monumento del Jueves Santo. Había instituido también una capellanía para que perpetuamente se rezaran misas y sufragios *"por mi alma y la del gobernador Hernan-*

darias de Saavedra, mi marido difunto y de nuestros padres y por mis hijos y nietos".

¡Su familia...! Sus ojos cansados se iluminan al recordar a su padre *"que de todo lo que se le ha encomendado ha dado buena cuenta (...) entendiendo en cada cosa con rectitud y bondad"*; a su madre, que un día dejara la tranquilidad de su hogar en la ciudad de piedra y silencio para cruzar el océano y las selvas y ser la compañera de un fundador de ciudades; a su marido, el criollo inolvidable *"que no hay viejo ni mozo que no lo tenga representado en el alma (...) que es el padre verdadero de la tierra (...)".* ¿Qué papel había representado ella a su lado? ¡ni siquiera había podido aprender a escribir, como sus hijas!... No ignoraba, sin embargo, en su natural sabiduría, que las plantas necesitan raíces para mostrar al mundo sus flores y las casas cimientos para poder mantenerse en pie. Intuía que ella y tantas otras mujeres habían cumplido esa misión. Y esto la llenaba de paz.

Bernardina Mexía Miraval

Dicen que ¡Jujuy! fue una exclamación de alegría lanzada por los primeros pobladores al ver la belleza del valle enmarcado por las montañas. Haya sido o no así, es indudable que el increíble colorido de sus cerros y quebradas, contrastando con sus cielos siempre azules en un aire diáfano, logran la inmediata complacencia del recién llegado. Este sentimiento se intensifica al llegar a Purmamarca, lugar soñado donde el cerro de los siete colores sirve de marco a una pequeñísima aldea con su cabildo de juguete, su blanca iglesita con espadaña y su plaza en la que los colores del cerro se trasladan a la feria artesanal. Hay a pocos pasos de ella un gigantesco algarrobo de tronco centenario. Allí, cuenta la tradición, descansó el gran Viltipoco antes de ser llevado prisionero a Jujuy por el capitán español Francisco de Argañaraz y Murguía, fundador de la ciudad de San Salvador, en el valle de Jujuy.

¿Quién era Viltipoco y por qué había sido hecho prisionero? Esta es una historia trágica, no hay aquí ni buenos ni malos, sólo una destino inexorable. En realidad la entera historia de la conquista de América tiene la inevitabilidad de una tragedia griega: Europa había llegado a cierto punto del conocimiento que la llevaba a expandirse y comunicar sus logros y descubrimientos, Portugal inició la aventura y Castilla la prosiguió, y fue Castilla, fue su reina y fueron sus hombres quienes lograron para Europa el descubrimiento de América. Que opinaron de esto los "descubiertos" es otro problema. Problema que no será resuelto en estériles discusiones. Sólo cabe adecuarse a la realidad, a la verdadera realidad de este continente que es su mesticidad. En la aceptación optimista de nuestra mesticidad, de nuestra "mezcla" de razas y culturas, afianzadas en un modo de sentir hispanoamericano, encontraremos el camino para seguir adelante, no a la zaga de Europa sino respetando y admirando lo que de ella recibimos, pero sin renegar de nuestra propia y entrañable originalidad.

Desgraciadamente casi no existen testimonios del pensamiento de los vencidos del Tucumán. Para tratar de comprender su visión del mundo y de los intrusos españoles tenemos que deducirla de su comportamiento y de lo poco que dicen los cronistas, recurriendo a la moderna antropología o por analogía con las fuentes mexicanas o peruanas. Sabemos que estas últimas son elaboración de pueblos mucho más adelantados, sin embargo, comparten las circunstancias de haber sido invadidos, sojuzgados y sometidos a una transculturación no deseada pero admitida por la mayoría como algo irreversible.

Indudablemente existió de parte de los invadidos una mezcla de admiración y temor por los invasores que les impidió aprovechar su evidente superioridad numérica. Maravillados por esos extraños seres que llegaban a caballo (algunos creyeron que jinete y cabalgadura eran una sola pieza) y portando armas de sonido estruendoso que hacían estragos entre ellos, muchos se sometieron desde el primer momento y se convirtieron en sus aliados, como nos cuentan los cronistas de Indias. Ellos y sus tribus fueron llamados *"indígenas pacificados"* y, repartidos en encomiendas, como mitayos o yanaconas, constituyeron una pieza clave en la sociedad colonial. Su ayuda fue fundamental tanto para la conquista de nuevos territorios donde actuaron de flecheros incorporados a las huestes como en el asentamiento de nuevas ciudades, trabajo de los campos, trajín de carretas, etcétera. Pero lo más frecuente fue que se rebelaran y lucharan con arrojo para echar de sus tierras al invasor. Este fue el caso de Viltipoco, cacique de los omaguacas, que no se resignó a ver su tierra invadida y sus hermanos sojuzgados. Y llegó al enfrentamiento inevitable: de un lado Viltipoco, *"señor de Omaguaca y su provincia, al cual obedecían todos los indios comarcanos (...) el más temido y respetado de los indios y el más belicoso y astuto en cosas de guerra (...) Y era tanta la fama del dicho capitán Viltipoco que hasta los indios de Chile le respetaban y le enviaban presentes (...)"*. Del otro, el hidalgo vasco Francisco de Argañaraz, en quien se juntaban, al decir de sus hombres, *"afabilidad, nobleza y generosidad (...) de nobilísimo pecho (...) caballero y capitán valeroso y muy sagaz en las cosas de guerra y conquistas"*. Empobrecido y endeudado pero *"valiente, discreto y de mucha prudencia"* era Francisco de Argañaraz, señor de Murguía. Su padre había muerto peleando en La Florida y su abuelo había sido guerrero de Carlos V allá en la remota Alemania.

Dos mundos se iban a enfrentar antes de haber aprendido a comprenderse. No había tiempo para eso: detrás de ellos, oidores y virreyes, cuya principal preocupación era asegurar la paz de los caminos para facilitar el paso a las recuas de mulas que iban y venían del Potosí, urgían las fundaciones de ciudades y la "pacificación" de la región, a toda costa. En la urgencia de la conquista no había tiempo para el encuentro racional deseado por los misioneros y por la corona. Era cuestión de vencer o morir.

Refiriéndose a este mundo indígena tan poco conocido, en general, entonces como ahora, dice Alberto Rex González:

"(...) a veces se lo ha representado como un mundo fragmentario de tribus aisladas e ignorantes entre sí, pequeño y reducido geográficamente. Era, en realidad, un mundo dinámico y amplio, con un conocimiento de su propia tierra mucho más extenso de lo que hemos creído (...). Los valles fértiles del Noroeste albergaron pueblos con una alta densidad de población, de una economía hortícola con irrigación, y, por consiguiente, de un elevado nivel cultural (...). La densidad de población en épocas prehistóricas influye todavía sobre la constitución étnica de nuestro pueblo. La mayor cantidad de habitantes con sangre aborigen, a veces en un porcentaje que nosotros mismos no sospechamos, está concentrado en aquellos lugares donde habitaban las culturas de más alto desarrollo y mayor densidad: el área colindante con el Paraguay y el rincón limítrofe con Chile y Bolivia: el Noroeste (...)."

Tenían estos pueblos una organización social, agricultura intensiva con riego, cerámica bien elaborada y decorada, tejidos y hasta metalurgia. Tenían también fortalezas llamadas *"pucará"*, lo que permite suponer una densidad de población relativamente elevada en los valles, sobre todo en los llamados de diaguitas y calchaquíes. En la Puna habitaban los atacamas y a lo largo de la quebrada de Humahuaca, grupos tribales que recibían distintos nombres pero con culturas muy semejantes entre sí como los omaguacas, tilcaras, purmamarcas, osas, jujuyes, etcétera, también llamados en conjunto "cochinocas". En los alrededores de Yala vivían parcialidades de ocloyas, de origen chiriguano. Entre los pueblos de los valles y los de la Puna había un intenso intercambio realizado a través de dos o tres caminos naturales: uno bajaba por Casabindo y la quebrada del Toro, y otro por la quebrada de Humahuaca. Hacia 1480 llegaron los incas a estos territorios y su influencia se dejó sentir sobre todo en los valles. Los habitantes de la quebrada rechazaron a los incas con la misma fuerza que rechazarían años después a los españoles.

Dos ciudades acabadas de fundar, Nieva en 1561 y Alava en 1575, habían sido destruidas por los indios en el valle de Jujuy. Los indios de la quebrada habían declarado la guerra al español. Fundar otra vez allí era una empresa temeraria y muchos vecinos de San Felipe de Salta y San Miguel de Tucumán trataban de impedirlo por temor a una insurrección general indígena. Es en este contexto en el que actuará Bernardina Mexía Miraval, hija y esposa de figuras claves de la que viene a ser nuestra "edad media" y, también ella, clave en la empresa pionera de fundar y ayudar a crecer a una ciudad al mismo tiempo que a una familia.

Francisco de Argañaraz, señor de Murguía, de ilustre cuna pero sin un centavo, era uno de los hidalgos que acompañaran al gobernador Ramírez de Velazco en su viaje desde España hasta el Tucumán. El mismo confiesa en su probanza que, al morir su padre en la Florida, en servicio de su rey, lo había dejado *"en mucha pobreza y empeñada y disipada mi casa y mayorazgo"*. No tiene reparos en aceptar que ésta ha sido la causa de su venida a América, unida al deseo de *"servir a Vuestra Alteza en continuación e imitación de mis antepasados"*. Después de siete años de correrías por el Tucumán estaba ansioso por emular las hazañas de su suegro y de sus antepasados. Se le presentaba ahora la ocasión de probar su valor y no iba a echarse atrás por más inconvenientes que le pusieran por delante. Se añadía a esto la deuda moral que tenía con Mexía de Miraval, su suegro, quien antes de partir para España le había entregado cierta suma para que la utilizara en la fundación de una nueva ciudad. Desde el primer momento su mujer lo apoyó en el proyecto. Acababa de tener su primer hijo, al que seguirían seis más, pero esto no era obstáculo para esta decidida joven veintiañera educada en el desprecio del ocio y la admiración por las grandes empresas.

Francisco de Argañaraz, *"por tener como tenía tantos amigos y posibles de hacienda para poder sustentar a los soldados"*, aprovechó su popularidad: los convocó a todos a participar en la aventura y *"se dispuso a ir con la gente que para ello tenía congregada, con muchos bastimentos y pertrechos de guerra para la dicha población y armas y caballos, bueyes y carretas que para ello había comprado a su costa"*.

Los soldados no iban muy a gusto rumbo a la fundación: había que pagarles caballo, armas, comida y mantenimiento diarios. También era necesario llevar indios "yanaconas"* para que suplieran la falta de los del lugar.

La dote de Bernardina se gastó íntegra en los preparativos, y para seguir manteniendo la ciudad Argañaraz tuvo que endeudarse en más de treinta mil pesos, lo cual era una suma muy elevada.

San Salvador fue fundada un lunes de Pascua de 1593 en *"el sitio más cómodo y conveniente (...) por la mucha abundancia de tierras fértiles para estancias y sementeras y pastos, viñas y huertas de recreación, por estar entre dos ríos donde se pueden sacar muchas acequias y hacer molinos y prometer otras muchas buenas esperanzas (...)"*. Realizada la ceremonia, venía la parte más difícil: poblar la ciudad, chacras y estancias con gente y ganado, levantar las casas, cercar los solares, edificar las iglesias... Todas estas tareas se habían hecho casi siempre con la ayuda de los indios de las encomiendas que se turnaban para ir a trabajar a la ciudad y a las casas de sus encomenderos, según la vieja institución incaica de la "mita", que significa "turno". Pero aún no estaba "pacificada" la tierra ni empadronados los indios de la región ni había sementeras para alimentarse. Por un tiempo la ciudad *"se sustentó de acarreo"*, es decir, trayendo los alimentos y todo lo necesario desde Salta. El matrimonio Argañaraz tuvo que multiplicarse para atender a las necesidades de todos y prestar sus yanaconas para que ayudaran. Un poblador, Pedro Herrera, lo atestigua así: *"(...) cuando algún soldado hacía su casa (...) lo animaba de tal manera que él mismo, con sus propias manos, ayudaba a hacer las casas y mandaba a sus yanaconas a cortar madera y todo lo necesario con lo que éstas se hacían (...) que si no fuera por el*

---

* Indios independientes que no pertenecían a ninguna encomienda y trabajaban como servidores de los españoles en lo que de hecho era una esclavitud aunque jurídicamente no lo fuera. Pasaban de un dueño a otro junto con la tierra y se los "alquilaba" para ciertos trabajos como vendimia, cosecha, acarreo de ganado, etcétera.

dicho capitán, no parara ninguno en la dicha población de Jujuy".

Por su parte, Bernardina había participado casi desde el primer momento en las alegrías, trabajos y problemas de la fundación, como lo afirma en su propia probanza de méritos hecha en 1613, y en la que siete testigos apoyan su palabra. Uno de ellos, Marco Antonio Gabuy, declara *"que este testigo, como uno de los primeros pobladores de esta ciudad sabe y ha visto como la dicha doña Bernardina Mexía Miraval vino desde el primer año con su marido a la dicha población y que mediante lo mucho que en ella acudía a los soldados (...) a les regalar de su hacienda y plata y con la comida y regalos que les hacía así en sus enfermedades como fuera de ellas, vendiendo sus joyas y preseas para poderlo hacer, les acariciaba a que no desamparasen la ciudad, sustentando siempre de ordinario mesa muy honrosa y muy grande para los dichos soldados y pobladores, con que ayudó de su parte mucho a sustentar la dicha población como la sustentó (...) que no fue la menor causa para la dicha fundación (...)".* Ya era difícil y complicado iniciar la vida de la propia familia en un lugar donde no había nada y había que ir a aprovisionarse a leguas de distancia. Imaginemos lo que sería, en medio de embarazos y partos, alternar la crianza y educación de los mayorcitos con la instrucción a las servidoras indias y negras y el cuidado de la soldadesca. Los testigos atribuyen a su amado y admirado capitán méritos que, en realidad, corresponden a su mujer, como el de poner todos los días a disposición de los soldados *"una mesa muy grande en su casa donde se asentaban todos a comer, costándole mucho por ser todo de acarreo"* o hacer amasar a diario para ellos *"una o dos fanegas de pan de trigo, que le costaba la fanega cinco, seis o siete pesos (...) sin las vacas, carneros de Castilla y aves que se gastaban en el sustento de los soldados".* No es extraño que con este trato, unido a la admiración por su valentía rayana en lo temerario, tuviera a sus hombres *"tan prendados con él que no hubiera cosa en el mundo que de-*

jasen de hacer por el dicho capitán aunque arriesgasen sus vidas".

Son notables los rasgos feudales que advertimos en esta probanza: el cariño y fidelidad que le demuestran sus soldados recuerda a los "fideles" o "comites" que rodeaban a su señor compartiendo con él tanto los peligros de la guerra como "el pan, la sal y el vino" de los tiempos de paz. También refleja un ambiente patriarcal y comunitario la probanza de méritos de su mujer donde la vemos, ayudada por sus indias y esclavas negras, cocinar y servir la comida a los soldados, lavarles la ropa y atenderlos en sus enfermedades tratando de hacerles la vida más llevadera para que no abandonen y desamparen la precaria ciudad.

Mientras ésta se iba levantando con el esfuerzo de todos los pobladores, el gran Viltipoco, envalentonado por *"haber muerto tanta gente española y despoblado tres veces"*, utilizaba su poder carismático para confederar todas las parcialidades de la zona con la intención de caer al mismo tiempo, *"el mismo día y a la misma hora"*, sobre las cinco ciudades del Noroeste: Salta, Jujuy, San Miguel de Tucumán, La Rioja y Madrid de las Juntas, fundadas pocos años antes por Ramírez de Velazco. El plan era *"matar a todos los españoles de ellas sin que quedase ninguno con vida para que de esta manera no se atreviese ningún español más a poblar en la dicha cordillera y valle"*. Unos diez mil indios de guerra se estaban preparando para caer sobre las pequeñas y mal defendidas ciudades, *"todos muy belicosos (...) diaguitas, chichas, omaguacas, churumates, lules, apanatas y otras muchas naciones que hay en la dicha provincia y cordillera de una parte y otra del valle."* De haber triunfado la junta indígena vidas de esfuerzo y sacrificio hubieran sido destruidas, los campos arrasados y quemados. Posiblemente la conquista del Tucumán se hubiera retrasado por años y hubiera sido mucho más cruenta. Pero la importante conjura llegó a oídos de Francisco de Argañaraz (¿por boca de indios amigos?), y éste mandó de inmediato espías españoles e indios *"con la promesa de gratificarlos muy bien".* Un sábado a medianoche, según Herrera, *"tuvo noticia de que el capitán Viltipoco estaba en un valle cogiendo comida para, en acabando de cojerla, hacer el daño, estragos e muerte que pensó hacer".* Era en el valle y quebrada de Purmamarca donde se habían reunido cerca de cincuenta o sesenta caciques, seguramente para deliberar sobre sus planes mientras se aprovisionaban para la guerra. ¡Una junta de los jefes confederados! ¡Era la ocasión esperada! Francisco de Argañaraz no lo dudó un instante y *"después de haber oído misa salió con veinticinco soldados todos muy bien aderezados de armas y caballos".* El testigo recalca que los soldados *"iban con pena de no saber dónde los llevaban ni a qué iban (...) que si no fuera el capitán don Francisco de Argañaraz tan valeroso y tan sagaz y prudente, todos le dejaran y huyeran".* Andando todo aquel día, siguiendo el curso del río entre cardones, churquis y algarrobos, llegaron a medianoche a Purmamarca eludiendo los centinelas indios. Desde lo alto de un cerro, a la luz de la luna vieron, de pronto, la aldea. Las viviendas, construidas con "pircas" de piedra se agrupaban de a tres o cuatro alrededor de uno o más patios. Los techos, de una sola agua, estaban hechos con una mezcla de barro y paja y eran soportados por tablas de madera de cardón, atadas con tientos de guanaco. También de cardón eran las puertas. No tenían ventanas, pero más tarde pudieron observar en las paredes unas especies de nichos u hornacinas donde colocaban sus utensilios domésticos: vasijas de barro, peines de espinas, husos para hilar, tupos o alfileres de hueso o metal con los que prendían sus mantos, etcétera. De algunas piedras salientes colgaban sus ropas —mantas y camisetas tejidas con lana de vicuña donde los ocres, rojos y castaños se alternaban en dibujos con forma de damero—, y sus "chuspas", pequeñas bolsas que colgaban de la cintura o de los hombros donde llevaban la coca.

Con increíble sigilo, teniendo en cuenta todo lo que se estaba jugando en ese momento, rodearon la pequeña aldea indígena donde los confiados caciques dormían junto a su jefe. Bruscamente despertados por el *"¡Santiago y a ellos!"*, el asombro y el miedo debieron paralizarlos e impedirles la defensa. Pero el magnánimo vasco había dado la orden: "¡ningún muerto, todos prisioneros!". Y así, atados, vencidos y humillados fueron llevados hasta Jujuy. La profunda voz del erke y el desgarrante quejido de la quena aún recuerdan el llanto de la Pachamama al ver que se llevaban para siempre a sus hijos. Era el fin de una época. Y el comienzo de otra.

Por su natural llano y sencillo, Argañaraz quiso ser amigo del cacique prisionero. El y su joven mujer iban casi a diario a visitarlo, *"y le llevaban todos los regalos que podían"*. Suponemos que Bernardina sería la traductora en el diálogo entre los dos grandes capitanes. Estaba habituada a tratar con servidores indígenas y sus medio hermanas eran mestizas. Debía sentir hacia los indios ese acercamiento que es la base necesaria para la mutua comprensión. También hay que tener esto en cuenta para entender cómo pudo poblarse esta vez San Salvador de Jujuy y cómo pudieron "domesticarse" sus pobladores.

Viltipoco fue bautizado con el nombre de Diego. Otros caciques como Laysa, también hecho prisionero junto con trescientos de sus hombres y entregado a su encomendero, siguieron su ejemplo. Francisco de Argañaraz y doña Bernardina fueron padrinos de algunos de ellos *"por más honrarlos y animarlos que vengan todos al conocimiento de la fe católica."*

Nada cuentan, sin embargo, las probanzas de estas conversaciones que deben haber sido tan interesantes. Desde la arrogante seguridad de ser poseedores de la verdad, del poder y de la civilización, la mayoría de los europeos del siglo XVI no podían valorar el pensamiento de un indio. A su vez los indígenas, aunque los reconocieran superiores, tampoco podían comprenderlos. Una profunda y mutua incomprensión, nacida de distintas cosmovisiones, hacía más profunda la brecha. Recordemos también la violencia, la intolerancia y el fanatismo de los siglos XVI y XVII: el abuelo de Argañaraz había peleado en las crueles guerras de religión, su padre terminó sus días en La Florida flechado por un indio. Los abuelos maternos de Bernardina habían muerto a manos de los araucanos en La Serena...

Por su parte, Viltipoco podría haber dicho las mismas palabras que el Inca Titu Cusi al referirse a los conquistadores españoles. *"Creía que eran benefactores y enviados por aquel que ellos dicen ser Tecsi Viracocha, y me parece que las cosas han sucedido al contrario de lo que creía, porque debéis de saber, hermanos, que según las pruebas que me han dado, quitándome mis tierras, no son hijos de Viracocha sino del demonio (...)."*

La conquista con sus luces y sus sombras, sus errores y sus aciertos, seguía sin embargo su curso inexorable. Sobre los desencuentros e incomprensiones triunfaron los valores religiosos y culturales. Los misioneros y el tiempo calmaron la rebeldía natural del aborigen y el mestizaje constante y permanente fue el más importante factor de transculturación.

Debe haber resultado muy difícil, sin embargo, a los indígenas, un cambio tan brusco en su visión de la vida. En los *coloquios de los doce apóstoles*, fray Bernardino de Sahagún presenta en un conmovedor diálogo uno de los primeros encuentros racionales entre dos civilizaciones, es decir, la conversación respetuosa entre los franciscanos españoles recién llegados a México y los sacerdotes aztecas. En sus palabras vemos representado el gran drama de los pueblos americanos: la impotencia, dolor y humillación de los vencidos, expresado en preguntas como ésta: *"¿Cómo podrán dejar los pobres viejos y viejas aquello en que toda la vida se han criado?"*.

Sin embargo la religión crisitiana sería para ellos fuente de consuelo y cultura. Y también de profundas alegrías.

A través de la rica liturgia católica enriquecieron su sensibilidad, su música y sus colores. Hasta entonces usaban sólo los de la tiera: ocres, marrones y rojizos. Es notable cómo el mestizaje introdujo entre la gente del noroeste el gusto por las más variadas combinaciones de colores que podamos imaginar. Su música se llenó de nuevas tonalidades y sus espíritus de nuevas historias. Mestizo de la guitarra, nació el charango, y los alegres bailes castellanos influyeron en las danzas rituales indígenas para crear los takiraris, bailecitos y carnavalitos.

Indudablemente, la liturgia fue de gran importancia en su conversión: la música de los variados instrumentos que pronto aprendieron a tocar ellos mismos, el colorido de las procesiones, las imágenes vestidas, las flores y enramadas con que se solemnizaban los actos de culto, dejaron en ellos huellas imborrables que aún pueden constatarse en los misachicos, en las diversas fiestas patronales y en las "ermitas" tilcareñas de Semana Santa.

A todo esto, los tiempos iban cambiando. Bajo la atenta vigilancia de las criollas como Bernardina las toscas casas de barro, piedra y madera se iban vistiendo por dentro con alfombras, tapices, espejos, cuadros e imágenes religiosas, arcones, platería... todo lo que pudiera traerse a lomo de mula desde el Perú y el Potosí.

Los niños criollos, mestizos y mulatos, los servidores indígenas o africanos, mirarían fascinados los objetos, libros, artesanías, obras de arte, instrumentos musicales, muebles, vestidos y telas lujosas venidos desde tan lejos... de Sevilla, de Flandes, de Filipinas... Ellos representaban todo ese legado cultural que había que preservar para las nuevas generaciones. En esos caseríos polvorientos, separados entre sí por días de viaje en carreta o a caballo, se daba una importancia extraordinaria a las formalidades por miedo a quedarse relegados respecto a la metrópoli, a descender social y culturalmente, a perderse en aquel rincón lejano... Por eso era tan importante conseguir dinero para poder adquirir esos bienes que los ayudarían a vivir *"con el decoro que convenía a su condición"*. No otra es la intención de doña Bernardina al hacer su probanza cuando, muerto su marido y habiendo heredado su hijo mayor, ya casado, la encomienda de indios que les correspondía, se quedó con seis hijos que alimentar y vestir, *"una hija casadera sin poder dar estado"* y sin quien la ayudara a trabajar en las chacras de la ciudad que ella había fundado y poblado. No sólo había puesto en la empresa su dote sino toda su vida. Por eso no quiso saber nada con el último pedido que le hizo su marido antes de morir: que viajara con sus hijos a España, a su viejo solar de Murguía. El corazón de la criolla estaba aquí y también el de sus hijos. Ya eran, definitivamente, americanos.

Queda un interrogante: a los descendientes de Viltipoco, de Laysa, de Juan Calchaquí y de tantos vencidos, ¿se les permitió sentirse igualmente americanos?

Resignación, apatía, fatalismo y una secreta e interna rebeldía nos transmiten las desgarrantes voces de la baguala. ¿Qué piensa, qué siente el habitante de los valles y quebradas? Frente al centenario algarrobo de Purmamarca persisten las preguntas: ¿han desaparecido "los antiguos" de la memoria colectiva? ¿han dejado para siempre esos lugares?

"—No ha'i ser, contesta un habitante de los cerros, sus almitas tan viendo lo qu'is dellos..."*

---

* Citado por Mercedes Puló en su trabajo "Camino del conocimiento del hombre de Iruya y Santa Victoria", Salta, 1981.

Leonor de Tejeda

En *Las ciudades y las ideas*, José Luis Romero hace la distinción entre ciudades "hidalgas", donde predomina un estilo de vida noble, y ciudades "burguesas", caracterizadas por un intenso tráfico mercantil y comercial. Las causas de sus diferencias radican en sus orígenes: composición social de las huestes fundadoras, fines para los que fue fundada, situación geográfica y posibilidades económicas, etcétera.

Entre los primeros pobladores que acompañaron al fundador de Córdoba, don Jerónimo Luis de Cabrera, de ilustre prosapia andaluza, había una mayoría de hidalgos, o tenidos por tales, que darían a esta ciudad un sello peculiar. Este sello se acentuaría con la decisión de los jesuitas de instalar allí una Universidad, con la ayuda del obispo Trejo y Sanabria. Desde entonces Córdoba fue el prototipo de ciudad noble, culta y devota.

Pero de algo había que vivir, y los hidalgos cordobeses actuaron con prudencia: enclavada su ciudad entre dos ciudades mercantiles, Potosí y Buenos Aires, no desperdiciaron la ocasión de enriquecerse que les brindaba la situación de Córdoba como paso obligado entre esos dos polos de desarrollo. Sin melindres, la mayoría se dedicó al comercio y actividades afines. Muchos vendían o trocaban el ganado y harinas de sus estancias o las *"telas de la tierra"* tejidas por los indios de sus obrajes, por *"mercaderías de Castilla"*, provenientes del Alto Perú, de Chile y del puerto de Buenos Aires. Otros alquilaban sus carretas e indios para viajes comerciales o compraban esclavos para revender en Potosí. Más adelante tomaría auge la invernada y tráfico de mulas con el Perú y Alto Perú.

Todas estas actividades harían prosperar a la ciudad, que ya en 1610 tenía casas de ladrillo —material que Buenos Aires conoció muchos años después—, diques y acequias. Poseía tres molinos hidráulicos y harina suficiente para exportar al Brasil, y de los obrajes indígenas salían sobrecamas, alpargatas, mantas, sábanas, medias pellones, pabilos para velas, etcétera, que surtían tanto a Santa Fe como a Buenos Aires.

Esta conjunción de caracteres hizo que fuera elegida en 1615 como sede de la Universidad y que la influencia jesuita se hiciera sentir en ella con fuerza.

Instalada en Córdoba desde 1599, la Compañía de Jesús y de Ignacio de Loyola conservaba aún el entusiasmo misionero y carismático de su fundador. Su influencia fue decisiva en la formación de las conciencias, tanto de los grupos de elite como de los indios y negros instruidos por los jesuitas en sus propios idiomas. Ellos fueron los verdaderos modeladores del espíritu religioso cordobés. Sus modales sobrios y elegantes, fruto de un paciente dominio de sí mismos, su oratoria brillante y a veces tremebunda, debieron deslumbrar a los criollos casi tanto como a los indios, provocando arrepentimientos instantáneos y notables cambios de vida.

La sociedad de conquista había sido ruda y no muy escrupulosa, sobre todo en materia sexual, *"parte por el estrépito de las armas, parte por la falta de sacerdotes"*, dice una crónica del siglo XVIII. Prueba de ello es la proliferación de mestizos y de hijos naturales, algunos habidos en señoras casadas o viudas, como el caso de doña Catalina Figueroa, hija natural de Lorenzo Suárez de Figueroa y de Ana Caballero. La violencia estaba también a la orden del día, manifestada no sólo en pendencias y reyertas sino en asesinatos, siendo uno de los más mentados el de Nicolás de Dios, muerto por su propia hija mestiza.

Así estaban las cosas cuando los padres Pedro de Añasco y Juan Darío, que volvían de misionar entre omaguacas y calchaquíes, empezaron a confesar a la sociedad cordobesa. Imaginemos el efecto que causarían en esta gente los Ejercicios de San Ignacio y aún los mismos sermones de esos hombres cultos y preparados: un mundo conocido por los criollos sólo a través de lecturas o referencias se desplegaría ante sus ojos. Los ejemplos de virtud o pecado puestos por los padres les revelarían costumbres e inquietudes distintas a las suyas, que no iban más allá de la preocupación por el estado de sus haciendas, el temor a los levantamientos de indios o las plagas de langostas. Ellos traían novedades mucho más interesantes que las esporádicas llegadas de funcionarios de la Corona o el cambio de gobernador. Traían la magia del teatro y enriquecían la música con nuevos instrumentos. Levantaban edificios de piedra, iglesias con bóveda y techos de tejas. Pero, sobre todo, traían el verbo encendido y apocalíptico de los Ejercicios, que los llenaba de admiración y temor.

Las primeras en acusar recibo fueron las mujeres. Así lo registra el padre Diego de Torres en una carta de 1609: *"En lo referente a las señoras, es de observar que casi todas se confiesan con los nuestros (...). Al principio hubo poco entusiasmo por la confesión: el confesarse al año dos o tres veces era mucho, y sólo Dios sabe qué clase de confesiones eran ésas. Pero después del establecimiento definitivo de la Compañía comenzó a mejorarse en la frecuencia de los santos sacramentos, tanto que muchas personas de la alta sociedad ya se distinguen por su afán de confesarse, las unas dos veces al mes, otras cada ocho días (...)".* Las palabras de estos hombres que luchaban por un trato más justo y digno hacia los indios, empezó a dar sus resultados entre las matronas cordobesas. Según el padre Torres *"casi todas aquellas que acuden a nuestras iglesias y tienen trato con nuestros padres como directores espirituales tratan co-*

mo empleadas a las criadas indias que tienen para el servicio doméstico y no como antes, a manera de esclavas. Les hablan con respeto (...) poniendo las mismas dueñas manos a la obra para satisfacerlas así por los anteriores maltratamientos. Las grandes señoras parecen trocadas en criadas de sus criadas...".

Entre las señoras que acudían asiduamente al confesionario del padre Darío, estaba doña Leonor de Tejeda, hija mayor de los siete hijos que tuvieron Tristán de Tejeda y la mestiza Leonor Mexía. La joven señora se había casado con el general Manuel de Fonseca Contreras, sobrino del gobernador Mercado y Peñaloza, rico hacendado y encomendero de Calamuchita, dueño de un molino, un tejar, chacras y estancias, que había nacido en Torreiglesia, Segovia, en 1573 y acababa de ser nombrado en 1597 teniente general de la gobernación. Lo que se dice un buen partido. La dote de Leonor también había sido interesante: *"doce mil pesos de plata corriente de a ocho reales el peso, en ajuar, plata labrada, preseas y monedas"* según consta en documento del 31 de diciembre de 1598. Doña Leonor era, pues, rica. La morada que su marido había mandado levantar en una manzana entera de la ciudad, estaba cercada por tres tapias en alto y la casa era *"de muy buenos edificios altos y bajos, cubiertos de teja, de las mejores viviendas de la ciudad, primera agua de la acequia principal. Y los tres solares restantes de muy buena huerta, abundante de todas frutas, con un pedazo de viña en ellas, todo lo cual, a menos precio, vale siete mil pesos"*, según los Protocolos citados por Carlos Luque Colombres en su trabajo sobre la propiedad urbana de Córdoba. Las habitaciones principales estaban adornadas con *"una tapicería de Flandes, que son cuatro paños de corte, una colgadura de tafetán en nueve piezas, una cama dorada con un pabellón de la India, manga de tela y cortinas de tafetán morado guarnecido de seda, un escritorio de Alemania con su peana, seis cojines de terciopelo de China de colores, dos alfombras"*. Las alfombras y cojines servían para adornar el estrado, infaltable en toda casa donde hubiera señoras. Consistía éste en una gran tarima de madera, alfombrada y con almohadones, que ocupaba parte de la habitación, donde las señoras y doncellas se sentaban a la usanza mora a charlar, tomar mate, leer o coser. Vedado a los hombres, el estrado era un privilegio pero con algo de "serrallo". En algunas casas de provincias se usó hasta mediados del siglo XIX, por ejemplo en la de doña Paula Albarracín de Sarmiento.

El matrimonio se hizo muy piadoso. En su casa tenían un oratorio con su altar y frontal, alhajado con una imagen grande de Nuestra Señora, de Santa Catalina de Siena y del Niño Jesús al óleo; un retablo pequeño de Nuestra Señora, también al óleo y otro de Nuestra Señora del Rosario; un Cristo crucificado, al óleo, dos cruces de reliquias, un Agnus Dei y una cruz de oro. En su biblioteca podían encontrarse, según Martínez Villada: *"la* Crónica de España, Epístolas de San Jerónimo, El cerco de Orán, *dos libros de historias prodigosas,* Aranjuez del alma, De la tranquilidad y sosiego de la vida, De la Gineta, De la declaración del Credo, Diálogos matrimoniales, *un* Contemptus mundi, *dos libros de oración mental del padre La Puente, un libro de Luis Vives (...)".*

No tenían hijos y concibieron la idea de utilizar su fortuna en algo bueno y perdurable, sobre todo para *"descargar su conciencia"* por ser encomenderos. Expresamente lo dice en su testamento doña Leonor: *"Por el descargo de mi conciencia y la del General Manuel de Fonseca, mi marido, por la obligación que tenemos o que podemos tener ambos de la encomienda y de lo que de ella habremos recibido y habido (...) hemos tenido intento siempre de gastar nuestra hacienda en alguna obra pía (...)".* (Los jesuitas habían declarado guerra a muerte al servicio personal de los indios encomendados, usado en reemplazo del tributo, por los abusos que se cometían.) Por otra parte, en varias ciudades de la gobernación se estaba hablando de la necesidad de fundar un convento de mujeres dedicado especialmente a aquellas *"doncellas huérfanas, hijas de conquis-*

tadores" que no tenían dote para casarse y tampoco podían hacerlo si no era *"conforme a su rango"*. Ya en 1586 Ramírez de Velazco había informado al rey de esta situación: *"He hallado en esta provincia más de doscientas doncellas pobres, hijas de conquistadores (...) he casado hasta diez (...). Ando procurando ahora hacer un monasterio a donde se recojan, hasta que sirvan los indios que están repartidos en Salta".* Antes que un monasterio, lo que pretendía Ramírez de Velazco era más bien lo que Hernandarias llamó, por la misma época en Asunción, *"Casa de recogidas"*, es decir, un lugar donde las jóvenes *"solteras, pobres, huérfanas, hijas de nobles padres"* no estarían recluidas a perpetuidad sino que aprenderían a leer y escribir y serían educadas en *"cristiandad y virtud"*. Esta casa existió en Asunción y llegó a acoger a sesenta doncellas dirigidas por una piadosa mujer, Francisca Boccanegra, quien, sin ser monja, era llamada "madre" por estar dedicada a la educación y catequesis de la juventud. La misma especie de colegio conventual, pero con menos educandas, fue lo que creó, con éxito, en Córdoba doña Leonor. Más adelante, sugerido quizás por su confesor, se le ocurrió convertir su gran casona de una manzana en monasterio femenino. Así lo dice en su testamento y así lo cuenta también el padre Torres en una carta, aunque sin revelar el nombre de la dama en cuestión. *"Vivía en Córdoba cierta señora muy distinguida y muy afecta a la Compañía, confesándose ella toda su vida en nuestra iglesia y adelantando no poco en la vida espiritual bajo la dirección de sus confesores (...). Así sucedió que, aunque estaba casada, comenzó a proyectar un convento de vírgenes consagradas a Dios. Se consultó muchas veces con su marido sobre este asunto, al cual no disgustó la idea (...)."* No sólo no le disgustó sino que puso manos a la obra para agrandar y mejorar el futuro monasterio, y cuando sus amigos le preguntaban para que quería una casa tan grande, contestaba: *"No se admiren señores, que voy labrando convento en que se haga monja doña Leonor".* Tal propósito resultaba edificante y digno de emulación en aquella sociedad impregnada de religiosidad y a la vez de ideas represivas respecto a las mujeres. Si no había conventos de monjas, ¿qué podían hacer las jóvenes distinguidas y sin dote?, ¿casarse con alguien de condición más humilde?, ¡jamás! No sólo ellas sino toda la familia bajaría de status con un mal casamiento. Lo mismo ocurriría en el caso de que la joven tuviera dote pero no hubiera nadie de rango equivalente para casarse con ella. Esta era la idea predominante aunque también existían, por cierto, las verdaderas vocaciones y sobre todo las fomentadas por el tipo de religiosidad que flotaba en el ambiente.

En los manuscritos del siglo XVIII que se conservan en el Archivo del Monasterio de las Catalinas de Córdoba, encontramos interesantes detalles sobre la fundación y sobre doña Leonor escritos en el estilo recargado y untuoso de la época. Así nos enteramos de su devoción por Santa Catalina de Siena —recordamos su imagen en el oratorio familiar— y su vocación docente puesta en evidencia a través del colegio para niñas que formó en su casa, imitando a Santa Catalina quien, desde niña, reunía a otras compañeras más ignorantes para enseñarles las primeras letras. Añade el manuscrito que las educandas no salían de la casa de doña Leonor sino muy raras veces para la de sus padres, que iban a la iglesia siempre en compañía de su maestra y que se entretenían con la lectura de buenos libros, seguramente vidas de santos, algún manual de espiritualidad y quizás, *La perfecta casada* de fray Luis de Granada y escritos de Santa Teresa, obras que aparecen en algunos testamentos de la época. También, según lo exigían las un tanto retorcidas formas de piedad barroca, las acostumbraba al ayuno y la penitencia.

Habíamos dicho que el tránsito del siglo XVI al XVII estuvo signado por el espíritu barroco y el predominio de lo religioso. Pero el Barroco, que en el resto de Europa adopta un tono nobiliario y cortesano dirigido especialmente a los sentidos para exaltar la sensualidad, en España tomará características muy especiales. La Reforma luterana había hecho reaccionar al catolicismo español haciéndolo más vivo, pero también más desconfiado y tradicionalista. La defensa de una patria libre de contaminaciones heréticas y el contraste con el resto de la Europa occidental, obligada a convivir con las nuevas ideas, llevó a España a encastillarse en sí misma hasta el punto de que Felipe II llegó a prohibir que sus súbditos estudiaran en Universidades extranjeras. Es esta España, temerosa de la penetración herética, la que intenta preservar los nuevos reinos, cuidando de que no pasen a Indias extranjeros ni *"cristianos nuevos"* y llegando a la exageración de prohibir que se difundieran aquí *"los libros de romances y materias profanas, así como los libros del Amadís"*, disposición, por lo demás, que nunca fue cumplida. Es que, Según Picón Salas, el sueño contrarreformista de la Corona era "convertir a América en una inmensa casa de rezos".

A la mentalidad barroca pletórica de apetito ante las cosas, al gusto por lo sensual y lo refinado, la espiritualidad castellana opondrá el sentido heroico de la penitencia y la mortificación como instrumentos para alcanzar la santidad. A su vez los artistas españoles reaccionarán ante esta explosión europea de refinada sensualidad plasmando en sus imágenes lo que oían en los sermones y prédicas: la exaltación del dolor como redentor, las expresiones torturadas que movían a la compasión y al arrepentimiento apelando a los sentidos, realzando lo humano en forma patética y poniendo de este modo el acento en los aspectos oscuros de la religión cristiana: muerte, pecado, condenación, sufrimiento... Esto llevará, en el siglo XVII, al apogeo de las "Dolorosas", maravillosamente talladas en madera; de los Cristos con la cruz a cuestas, de los santos martirizados, heridos o degollados de Ribera; del Cristo por antonomasia, el de Velázquez.

Cada época de la historia ha acentuado alguna faceta de la vida de Jesús. Así como ahora se hace resaltar el aspecto social de su predicación, su amor por los pobres y desposeídos, los siglos barrocos exaltaron su Pasión y Muerte con todas las implicancias que esto trajo... Impregnados en este sentido heroico de la vida, algunos sujetos trataron de acercarse más a Dios por la doble vía del ascetismo y la mística; otros no lograron ir más allá de lo formal y se quedaron con una religión sombría y tétrica, negadora de la vida y de todas sus manifestaciones. A muchos les resultó difícil distinguir entre la sombra reveladora de la luz y la sombra que se queda en las tinieblas. Era la diferencia que iba de un cristianismo auténtico a uno enfermo. Nada más lejos de esta tristeza estéril que el apasionado canto de amor de San Juan de la Cruz y Santa Teresa de Jesús. Pero éstos eran espíritus selectos. Lamentablemente, otros, manejaron la represión y la intolerancia como factores de dominación y poder, lo que culminó en el aberrante espíritu y prácticas de la Inquisición. Utilizada entonces la religión para destruir enemigos ideológicos, se convirtió para algunos en una fuerza omnipotente y sombría donde Satanás estaba más presente que Jesucristo. Tanto la Iglesia de España como la de América pagaron cara esa defensa irracional de la ortodoxia, y la Iglesia Católica debió cargar por siglos el peso de esa pátina sombría y represora que aún perdura en algunos espíritus torturados.

No es extraño que en ese ambiente hasta la buena de doña Leonor tuviera escrúpulos y tentaciones que la llevaron, en medio de su abnegada vida de ama de casa y maestra, a sentirse una gran pecadora. La tristeza hizo presa de su espíritu arrastrándola cada vez con más fuerza a una melancolía que la hacía pensar en el suicidio. Es evidente que doña Leonor estaba sufriendo una fuerte depresión aunque sus casi contemporáneas que escribieron la crónica, basándose seguramente en escritos de la propia Leonor, atribuyan todo al demonio, que *"empezó a molestarla con escrúpulos y temores, sugiriéndola tristísimas especies que enlutaban su corazón (...) ¡Perdida estás, le decía, y el fallo de condenación ya está firmado contra ti, desgraciada Leonor; mejor te hubiera sido no nacer, ni ver la luz de este mundo, que pasar las amarguras eternas que te esperan!".* El eterno demonio medieval y barroco no se limitaba a torturarla con culpas y remordimientos sino que la tentaba a quitarse la vida *"ahorcándose con un lazo".* Afortunadamente su confesor, el padre Darío, hombre piadoso y sensato, le aconsejó que no se preocupara y que se confiara a su protectora Santa Catalina. *"Ea, le decía, recóbrese un poco y vuelva sobre sí, que buena patrona tiene, acostumbrada a compadecerse de las almas atribuladas (...)."* Y fue a raíz de su curación que determinó, con acuerdo de su marido, fundar un convento en su propia casa bajo el patrocinio de la santa sienesa.

Los arreglos de la casa comenzaron por el año 1606. Al mismo tiempo había que empezar a tramitar los permisos en España. Encargaron de ello a un pariente de doña Leonor, el dominico fray Hernando Mexía, que justamente viajaba a la corte como procurador general de su orden.

Comparando las fundaciones de conventos femeninos del siglo XVII en Nueva España (México), el reino de Chile, Perú y Bahía (Brasil), podemos comprobar que los móviles para fundar han sido siempre los mismos: económicos, sociales, culturales y religiosos, aunque en cada lugar se pusiera el acento en alguno de estos aspectos. Por ejemplo, las Isabelas de Osorno (Chile), fue fundado en 1571 por dos señoras viudas con un fin específico: *"dar instrucción religiosa y literaria a niñas españolas e indígenas y retiro a las jóvenes que quisieran consagrarse a Dios"**, y este mismo objetivo muestran las Clarisas de La Imperial. Ambos conventos abandonarían la zona luego del gran levantamiento indígena y se reunirían en el convento de Santa Clara, en Santiago de Chile, a principios del siglo XVII. Allí existía desde 1576 el convento de las Agustinas, pedido por el vecindario a través del Cabildo y fundado provisoriamente, en ausencia del obispo, por el vicario y el provin-

---

* Citado por Sor Imelda Cano Roldán en su obra *La mujer en el reino de Chile*, Santiago de Chile, 1980.

cial de los franciscanos *"para la educación de las hijas de los conquistadores".* Santa Clara do Desterro, en Bahía, fundado a mediados del XVII no ocultaba que sus principales fines habían sido dar cabida a las jóvenes que no podían casarse de acuerdo a su rango, y aunque, según la crónica del siglo XVIII Santa Catalina en Córdoba fue fundado *"para recogimiento de muchas doncellas que anhelaban consagrarse a Dios",* la real cédula de 1613, enviada desde Madrid al obispo del Tucumán por medio de fray Hernando, pone el acento en la intencionalidad económico-social de la fundación. Dice el rey: *"Fray Hernando Mexía, Procurador de la Orden de los Predicadores (...) etcétera, me ha representado la gran necesidad que hay en esas provincias de un convento donde se puedan recoger muchas doncellas, hijas y nietas de descubridores y pobladores que, por no poder suceder en las encomiendas de sus padres quedan pobres y no tienen las dotes que han menester para casarse,* por estar introducido el darse grandes dotes, *y que dicho convento se podría fundar en la ciudad de Córdoba, por estar en el medio de ambas provincias y ser abundante de mantenimientos y materiales y labrarse allí paños, jergas y lienzos de algodón y haber buenas posesiones de tierras donde situar las rentas para el sustento de las religiosas (...)".* La preocupación del monarca era que las monjas tuvieran de dónde mantenerse, la de los "vecinos", padres de las doncellas destinadas a profesar, que éstas tuvieran un lugar donde vivir digna y piadosamente y de acuerdo con su categoría social. ¿Alguien les preguntaba a ellas qué pensaban? La mayoría tenía conciencia de que no le quedaba otro camino y algunas, más de las que podemos imaginar desde estos pragmáticos tiempos, tenía o creía tener auténtica vocación.

Refiriéndose a la proliferación de monjas y conventos mejicanos de esta misma época dice Octavio Paz en su trabajo sobre Sor Juana: "El temple del siglo era religioso como el del nuestro es científico y técnico (...). Los conventos estaban llenos de mujeres que habían tomado el hábito no por seguir un llamado divino sino por consideraciones y necesidades mundanas; su caso no era distinto al de las muchachas que hoy buscan una carrera que les dé al mismo tiempo sustento económico y respetabilidad social. La vida religiosa en el siglo XVII era una profesión. Esto no implicaba ni descreimiento ni irreligión: la mayoría de los clérigos y las monjas eran católicos sinceros y modestos funcionarios de la Iglesia. Las mujeres tomaban los hábitos porque, ya sea por arreglos familiares, por falta de fortuna o por cualquier otra causa, no podían casarse; también las que estaban solas en el mundo y sin apoyo del varón". Creemos que lo mismo, con los matices propios de cada región, pasaba en la península y en toda Latinoamérica.

Nuestro siglo, heredero del romanticismo, se ha acostumbrado a ver en la monja de clausura una "enterrada viva", una "flor marchita en plena juventud", encerrada a piedra y lodo contra su voluntad en una "sombría prisión" y otras cursilerías o tremebundeses propias del siglo XIX. Lejos de esto, las monjas de los siglos XVI y XVII estaban, en general, muy conformes con su condición de tales. Algunas vivían una auténtica vocación y otras preferían la seguridad y comodidad del claustro que les pemitía seguir la vida a que estaban acostumbradas en lugar de afrontar los *"peligros del mundo"*, la pobreza, los numerosos y riesgosos partos o la posibilidad de ser víctima de un marido despótico. Había conventos donde se vivía una auténtica vida de pobreza y oración como los Carmelos de México, de Bogotá y de Cartagena o las Clarisas de Santiago de Chile. Por el contrario en otros como el Monasterio de San Jerónimo de Nueva España, las Catalinas de Arequipa, las Agustinas de Santiago de Chile o las Clarisas de Bahía, las hijas consagradas de las elites podían seguir llevando la vida cómoda y hasta fastuosa a que estaban acostumbradas: cada monja tenía de tres a cinco criadas, las celdas, compuestas de cámara, recámara, baño y cocina, eran verdaderos departamentos que se vendían o alquilaban; en ellas se hacía música, se recibían visitas (de las mismas monjas, se entiende), y se estaba al tanto de todas las novedades ocurridas en la ciudad. Según el trabajo de la chilena sor Imelda Cano Roldán, en las Agustinas de Santiago, donde llegó a haber en 1647 trescientas monjas y doscientas servidoras "Cada celda era una verdadera colonia formada por personas de servicio, familiares y educandas, hasta diez o doce personas". Muchas llevaban también a sus esclavas negras. En este convento el "derecho de llave" de dichas celdas se llegó a pagar en 3.000 o 4.000 pesos. Es evidente que no ocurría lo mismo entre las carmelitas reformadas por Santa Teresa; la prueba está en que sor Juana Inés de la Cruz, que entró primero a un convento carmelita, tuvo que dejarlo al poco tiempo por no aguantar la dureza de la regla. Tampoco ocurría en los conventos de Córdoba, no sólo porque lo hubiera impedido la *"pobreza de la tierra"*, sino porque durante el siglo XVII tanto las Catalinas como las Teresas siguieron la regla del Carmelo reformado. Otro motivo fue la religiosidad austera que caracterizó a la ciudad desde un principio y en la que tanto influyeron los jesuitas, que mucho tuvieron que ver también en la fundación de estos conventos de monjas y en la formación espiritual de las mismas. La crónica del monasterio de las Catalinas afirma que recibieron las primeras instrucciones del padre Diego de Torres, que ya había inspirado a dos viudas, doña Elvira de Padilla y doña Mariana de Barrios *"señora riquísima"*, la fundación de los Carmelos de Bogotá y Cartagena de Indias. Tenía especial devoción por Santa Teresa a quien *"había tratado y comunicado (...). Como tan instruido en la profesión de las carmelitas y en la inteligencia de sus reglas, las explicó a las Catalinas de Córdoba, que entonces la profesaban"*.

Las pláticas e instrucciones del padre Torres eran cada semana. Con tan buen maestro —el mismo que había comenzado las reducciones indígenas en Alto Perú y en el Paraguay— los conventos cordobeses de monjas serían, al menos durante la primera mitad del siglo XVII un ejemplo para los del resto de América. Hasta el Perú había llegado noticia sobre *"el rigor de la observancia en que florecía el Monasterio de Córdoba"*. Desde allí había venido en 1616 sor Juana de la Cruz llevada por el deseo de *"servir a las siervas de Dios en la tierra"*.

Dice la crónica del siglo XVIII, que *"al principio no se permitió el servicio de criadas y esclavas que se usó después"*. No obstante, tanto en las Catalinas de doña Leonor como en las Teresas, fundado en 1628 por su hermano Juan de Tejeda, se hacía la distinción entre *"monjas sargentas"* o hermanas legas, que pagaban menos dote y *"corrían con las necesidades de todo el convento"* para que sus hermanas, las *"monjas de velo negro"* pudieran dedicarse a la lectura y la oración. Poco tenían que ver, como vemos, los conventos cordobeses con los ricos monasterios de Lima y el Cuzco, de Nueva México o el Reino de Chile. Tenían en cambio más parentesco con los Carmelos españoles reformados por Santa Teresa, caracterizados por su limpieza y modestia. Sus claustros eran simples galerías que daban a un patio, *"el jardín de Dios"*, adornado con rosas, jazmines y naranjos y las pequeñas celdas, unidas por corredores eran claras y sobrias. Más que "sombría cárcel" recordaban, con tanta novicia joven y de velo blanco, un alegre palomar. Los primeros tiempos de una fundación son los del entusiasmo y la fe en la obra realizada. Y el predominio de monjas jóvenes, en la edad de los ideales y las esperanzas, darían el tono a estos "palomares" cordobeses. La población quería a sus monjas, las conocía y adivinaba sus siluetas en la capilla, ocultas tras los velos y la tupida reja de la clausura. Muchos indígenas habían ayudado en la construcción de las iglesias de ambos monasterios, algunos trabajando en forma voluntaria. También los jesuitas habían trabajado con sus propias manos en la obra: *"y mientras unos acarreaban la piedra y acudían otros al corte y conducción de las maderas, los arquitectos levantaban las tapias, los peones ministraban materiales y los carpinteros desbastaban los troncos y pulían los maderos"*. Todos consideraban, pues, a las iglesias de las monjas como algo suyo. Eran frecuentes las conversaciones a través del torno que impedía la vista pero no la comunicación. Allí acudían a pedir oraciones en sus necesidades o a encargar tal o cual dulce especial. De allí salían los famosos "alfeñiques", alfajores, "suspiros", corderitos de azúcar y tantas otras golosinas de neta tradición morisca que aún pueden probarse en los conventos de España. También actuaban como focos de cultura, no sólo en la crianza y educación de las niñas de Córdoba sino de otras enviadas desde todos los rincones del Tucumán y el Río de la Plata. A veces alguna de las educandas se quedaba en el convento como novicia. En este caso, antes de aprobar la entrada y para evitar cualquier posible coacción moral, se la sacaba por unos días de la clausura y era examinada por el obispo o un representante *"para que conste que de su voluntad y de sí, libremente, quiere hacer la dicha profesión".*

Siendo la sociedad barroca tan afecta al teatro, era habitual que, maestras y alumnas prepararan para las fiestas patronales o para Navidad, sencillos "autosacramentales" o ingenuas representaciones que enriquecían la imaginación de la población. Y en las noches navideñas resonaban los villancicos alegrados por panderetas y tamboriles:

> *"¡Metan con los panderos / ruido y más ruido*
> *porque las profecías / ya se han cumplido!"*

Lamentablemente, no faltaban las voces discordantes de algún superior u obispo que viera en estas inocentes distracciones un *"peligro para el alma"* y las mandara suprimir. Así sucedió en Chile cuando, en 1669 el obispo Diego de Humanzara mandó prohibir los *"sainetes, danzas y juguetes cómicos"* interpretados por monjas, maestras y alumnas.

Volviendo a nuestra historia, quiso Dios llevarse al general de Fonseca Contreras, el 22 de diciembre de 1612, después de una larga enfermedad, antes de que fray Hernando volviera con su Cédula de permiso. Doña Leonor vio en esto una señal del cielo, no sólo para apurar la fundación —hacía rato que había unas cuantas aspirantes— sino también para entrar ella misma como novicia en el convento. De inmediato mandó una carta con un chasque a Santiago del Estero donde residía el obispo Trejo, rogándole que tratara de acelerar los trámites. El buen obispo se puso en marcha enseguida y quiso la providencia que también llegara a Córdoba por aquellos días el padre Diego de Torres quien, con su practicidad jesuítica iba a dar las soluciones a los problemas que se habían presentado. El primero era que no se tenían las reglas de Santa Catalina, *"aunque se buscaron por toda la Provincia"*. En realidad, tal regla no existía, y los conventos de "Catalinas" eran regidos por la regla de los dominicos, aunque los propios dominicos de Córdoba parecieran ignorarlo. El provincial de los jesuitas sugirió entonces que el monasterio fuera de Santa Catalina y vistieran su hábito, como era su deseo, pero que usaran las reglas de Santa Teresa, alterando algunas de poca importancia y sustituyéndolas por otras propias de la Compañía de Jesús. La sugerencia fue aceptada, aunque el obispo Trejo les previno cuerdamente *"que no haciendo el hábito al monje, aunque en el traje y apariencia fueran Catalinas, si seguían las reglas de las Carmelitas, serían en la profesión, Teresas"*. Tenía razón el prelado en prevenirlas, pues este asunto sería fuente de tan graves disturbios durante años, como para estar a un tris de cerrar el convento. Todo el mundo en Córdoba y en sus alrededores participó, hasta el punto de irse a las manos, en la apasionante disputa de si las "Catalinas" eran en realidad auténticas o fraudulentas, y si el monasterio debía o no cerrar sus puertas. ¿Cómo se iba a pasar el tiempo, sino, en estas ciudades donde las únicas distracciones las proporcionaban la religión y el sexo?

Había otro problema: ¿quién sería la priora? Es sabido que, para la fundación de un convento, priora y monjas principales debían venir de otro convento. Pero no había monjas ni en el Tucumán, ni en el Río de la Plata ni en el

Paraguay. Podrían haber venido de Chile o Perú, pero esto no convencía a la fundadora ni a las futuras religiosas por cierta desconfianza pueblerina ante lo menos conocido. El obispo recordó entonces que ni las Clarisas del Cuzco, ni las Bernardas de Lima, cuya prelada fuera doña Lucrecia de Sonsoles, ni las Canónigas de San Agustín de la misma ciudad, presididas por doña Leonor de Portocarrero, habían tenido priora venida de Europa, y el padre Torres añadió que bien podía ser la piadosa doña Leonor, fundadora del convento, su primera priora. Todos estuvieron de acuerdo y doña Leonor hizo su testamento en junio de 1613 renunciando todos sus bienes en favor del monasterio que iba a fundar y ordenando una serie de disposiciones: el hábito debía ser *"de cordellate o sayal blanco"* con manto y velo negros; debían trasladarse a la capilla mayor de la iglesia del convento los restos de su padre y su marido *"y se pongan sus armas en mejor y primer lugar"*, se reservaba el permiso de hacer entrar algunas personas sin dote *"pueda meter conmigo en el monasterio cuatro monjas de velo negro para el coro y una sargenta, todas sin dote, de limosna por ser pobres y tenerles obligación, las cuales son doña Teresa de Fonseca* (hija natural de su marido), *doña Isabel de Balmaceda, doña Ana de Tejeda* (¿hija natural de su padre o alguno de sus hermanos?) *y otra que yo señalare y Ursula González para su sargenta"*. Especifica luego la dote de las monjas de velo negro o de coro: mil quinientos pesos en reales o, para quienes no disponían de metálico, en una hipoteca o *"censo sobre buenas posesiones, con fianzas seguras"* (no de otro modo se hacía en el convento bahiano de Santa Clara do Desterro, según el trabajo de Susan Soeiro) *"y para el ajuar, sin cama y hábitos, otros doscientos pesos en reales o cosas de la tierra (...) y para el año de noviciado, setenta y cinco pesos en reales, la mitad cuando entraren y la otra mitad a los seis meses siguientes"*.

La dote de las sargentas, o monjas de velo blanco, era muy inferior: *"quinientos pesos en reales o a censo y su ca-*

ma y hábito y por el año de noviciado, treinta pesos en dinero o cosas de la tierra necesarias al convento (...)".

Hacia mediados de siglo podemos comprobar a través de los Protocolos Notariales un aumento en las dotes. En 1650 Antonio Ramírez Tello paga por la dote de su hermana, religiosa en el convento de Santa Catalina, la suma de dos mil seiscientos cuarenta y cuatro pesos, mientras que Ambrosio Pereyra y su mujer Catalina Ruiz, vecinos de Buenos Aires, se ven obligados a hipotecar *"cuatro esclavos, una vivienda situada en Buenos Aires (...) y una chacra de pan llevar"*, para poder pagar al convento de Santa Teresa la dote de su hija, María de San José. Estas cantidades, sin embargo, representaban bien poco en un lugar donde *"estaba introducido el dar grandes dotes"* de miles de pesos en tierras, joyas y esclavos. Una curiosa disposición nos demuestra el cambio que ha habido desde el mestizaje aceptado en los primeros tiempos hasta la intolerancia racial que tiene su punto máximo en el siglo XVIII. Esta señora, hija de una mestiza y nieta de una india, prohíbe la entrada de mestizas al convento, *"porque así ha parecido a personas graves que se lo han aconsejado".* Es interesante transcribirla: *"Ha parecido ser conveniente y necesario (...) que en el dicho convento no pueda entrar a ser monja mujer alguna mestiza, y si con alguna se dispensase, ha de ser con el parecer de todo el convento y con licencia del señor obispo, y no más que para sargenta y monja de velo blanco, y no de coro en manera alguna. Y si para sargenta de dicho monasterio se recibiese alguna, ha de ser habiendo dado en el siglo buena edificación y trayendo al monasterio buena dote.. Y con todas estas condiciones, no pueda pasar de dos el número de las tales sargentas mestizas...".*

Hubo, sin embargo, en estos años, algunas monjas indias en ambos conventos. Doña Ana María de Guzmán, mujer de don Juan de Tejeda y religiosa en las Teresas a la muerte de su marido, dispone en su testamento que corra a cargo del convento el vestuario y manutención de dos indias que están allí desde hace cinco años *"y tienen su hábito y pro-*

fesión, por ser de mucha virtud y ejemplo y traer en peso el convento, sin las cuales lo pasara muy mal". Y el padre Diego de Torres cuenta la entrada de una india al convento de Santa Catalina, recién fundado, como un motivo de fiesta y regocijo para todo el pueblo, aunque también como algo excepcional. *"Había una indígena de buena familia, instruida en la doctrina y confesada por los nuestros. Entró en amistad con una buena señora española que la instruyó en labores y bordados. Esta señora entró en las monjas y la india la quiso seguir. Obtenido el permiso de sus padres, se avisó cierto día a todos los indios para que se juntaran como en día festivo en nuestra iglesia. De allí llevaron a la virgen aspirante a monja, bien vestida con el traje acostumbrado de las indias, en solemne procesión por toda la ciudad al convento, con gran regocijo también de los españoles que concurrieron en masa a contemplar este espectáculo. Llevaban el hábito de monja dos niños españoles en bandejas de plata (...)".*

Luego de las disposiciones mencionadas venía el inventario de los bienes de doña Leonor, legados al monasterio: el solar con la casa, un molino, otro solar con huertas y agua, una fábrica de tejas y ladrillos, una estancia, tierras de sembradío con maíz, legumbres y pescado, otra estancia junto al pueblo indígena de Calamuchita, otra; cerca de Totoral, con cría de mulas, yeguas y asnos, vacas, ovejas, cabras y cerdos, treinta bueyes, cuatro carretas nuevas y seis viejas, vajilla de plata labrada, telas finas (tafetán, seda, brocato, terciopelo) etcétera, etcétera.

A todo esto llegó el 2 de julio de 1613, día de la Visitación, elegido para bendecir los hábitos y empezar la vida de religiosas. La pieza destinada a capilla hasta que se construyera la iglesia se adornó *"con lo más rico y lucido de la ciudad".*

Los vecinos principales prestaron sus tapices, alfombras y cuadros, como siempre se hacía para solemnizar las procesiones y fiestas litúrgicas y luego del sermón predicado por el padre Diego de Torres, su Ilustrísima, Trejo y

Sanabria, se dispuso a bendecir los hábitos *"que se sacaron en azafates y fuentes de plata".*

Eran dieciséis las jóvenes que, junto a doña Leonor, iban a trocar las galas del mundo por los ásperos sayales. Cuenta la crónica guardada en el convento, que *"a los padres de las novicias corrían hilo a hilo las lágrimas"*, y que hasta el obispo *"se derretía en llanto por la parte principal que tenía en obra tan santa (...). Al fin, desahogado el corazón en suspiros y lágrimas, se pudo entonar el Te Deum".* Después se realizó la procesión, infaltable en todas las ceremonias barrocas, donde el pueblo podía exteriorizar su alegría y participar en forma activa, ya fuera cantando y tocando instrumentos, chirimías, tambores y atabales, como portando banderas y estandartes. *"Componían y honraban la procesión, todo gremio de gentes que habitaban la ciudad: indios y españoles, hombres y mujeres, eclesiásticos y religiosos (...) unos convocados por la urbanidad y otros por la curiosidad. Cerraban el acompañamiento las novicias con antorchas encendidas (...)."* Entre estas emocionantes ceremonias y las *"colaciones de grados"* celebradas al término de los estudios universitarios y en las que también participaba todo el vecindario, se iba forjando el carácter cordobés, a "la sombra del convento" y de la Universidad.

Existía también, paralela a esa Córdoba, otra que podríamos llamar "informal" o "picaresca", posible de rescatar a través de algunas disposiciones de los cabildantes que, en pro de la moralidad de las costumbres, prohíben que se vaya a buscar agua de noche al río o a la Cañada, por ser lugares propios para encuentros furtivos entre ambos sexos, o tratan de disminuir el número de pulperías, que desde 1620 habían abierto sus puertas dando lugar a borracheras y riñas, o alertan sobre *"unas danzas que se habían introducido, concurriendo a ellas indios e indias"* y con seguridad, también negros, tan afectos a la música y el ritmo. Ya el padre Barzana, jesuita, habla en una carta de 1594 de que *"mucha de la gente de Córdoba es dada a cantar y a bailar, y después de haber trabajado y caminado todo el día, bailan y cantan la mayor parte de la noche".* El gusto por la música de los comechingones, unido al de los españoles y después al de los negros, daría por resultado una Córdoba noctámbula, amiga de músicas y serenatas, sobre todo en las noches del verano.

Tanto en España como en América existía durante estos siglos una fuerte dualidad entre creencias religiosas acendradas y costumbres relajadas. La inmensa mayoría, desde el rey hasta el último vasallo, no vacilaba en sacrificar las normas morales a sus caprichos o conveniencias. Lope de Vega, por ejemplo, llena páginas con sus aventuras amorosas, aunque debemos sus más bellos sonetos al arrepentimiento posterior a ellas. Esta mezcla de religión y sexo es muy característica del Barroco. El *"pecar, hacer penitencia y vuelta a empezar"*, estaba a la orden del día. Sin embargo para algunos espíritus más escrupulosos esta dualidad de vida llegó a constituir una tortura. Pensamos en el sobrino de doña Leonor, Luis de Tejeda, nuestro primer poeta quien, desde la curiosidad de sus ocho años, asistiría a la ceremonia inaugural del convento. Nieto de dos principalísimas figuras de la ciudad, el capitán Tristán de Tejeda y el general Pablo de Guzmán y bisnieto del ya mítico Mexía Miraval y de la india María, su vida conflictiva es el prototipo de esa mentalidad barroca vital y torturada a la vez. Adolescente atormentado, marido infiel y padre de diez hijos —uno natural—, turbulento soldado, cultivado hombre de letras y desigual poeta, acabó su vida —a la que consideraba tremendamente pecadora—, recluido en el monasterio de Santo Domingo, como Carlos V en el Yuste y Felipe II en el Escorial. En su obra pomposamente llamada *Libro de varios tratados y noticias* trata de imitar los autores que ha leído —Góngora, Lope, Garcilaso, etcétera— y su estilo críptico y rebuscado no refleja para nada la ciudad real ni la sociedad en que vive, ni la importancia del submundo de indios, mestizos y esclavos con los cuales convive. Las constantes alusiones mitológicas, los nombres ficticios de los personajes, copiados de sus modelos literarios y de las novelas de caballería, en fin, el tono grandilocuente que utiliza, nada de eso nos representa a la Córdoba de comienzos del XVII a la que él, en su exagerado simbolismo barroco, llama *"Babilonia"*. Criado, al decir de los jesuitas, *"en extrema libertad"* por sus permisivas amas de leche indias y rodeado por otra parte de personas piadosas, su adolescencia se debatiría entre sus anhelos vitales y las enseñanzas de sus profesores jesuitas, avaladas por el ambiente que lo rodeaba: *"Este es un cargo terrible / que me está royendo el alma / pues rendí mi inclinación / a la inclinación contraria. / Troqué por el vicio el gusto / que a la virtud me inclinaba / (...). Con estos viles principios / de libertad rescatada / del deleite sin vergüenza / asentó plaza de esclava. / Ya encantada, por las calles / precipitada se entraba / por los burdeles de Chipre / y almacenes de Acidalia (...)"*. Presionado por dos formas de vida, la piadosa y la libertina, no renunció a ninguna, cayendo en la hipocresía de aparentar ser un estudiante serio y piadoso y torturándose por no serlo: *"Y como mis confesiones / y comuniones ingratas / eran repetidas veces / por obligación del aula /. ¿Quién pondrá en número cierto / de mi miserable alma / las repetidas traiciones / las sacrílegas infamias? / Estudiaba entonces yo / dos materias soberanas / de Gracia y Eucaristía / que es la fuente de la gracia / y hospedábanse en mi pecho / con oposición contraria / un negro horror de maldades / y un abismo de desgracias (...)"*. Esa dualidad de vida lo hacía sentirse la más vil de las criaturas: *"Si el filo al vital estambre / segara entonces la Parca / aún Judas no me admitiera / escabelo de sus plantas (...)"*. Felizmente para don Luis, luego de una azarosa existencia pudo terminar sus días, como dijimos, en la tranquilidad del convento de Santo Domingo donde, además de su autobiografía, nos dejó la historia del convento de Santa Teresa, fundado por su padre para su hermana.

El segundo convento femenino de Córdoba tiene una historia muy de acuerdo a los tiempos que se vivían: Don Pablo de Guzmán, que había conocido en su infancia a Teresa de Avila por ser un tío suyo cuñado de la santa, era un gran divulgador de su vida y milagros. Había mandado traer *"una imagen suya de bulto"* para ser venerada en la iglesia de la Compañía, pero las cosas sucedieron de otro modo.

Estaban los Tejeda descansando en su estancia de Soto cuando la hija menor, Magdalena, de doce años de edad, sufrió un agudo ataque con fiebre. Al sexto día hubo que darle la extrema unción: *"pusiéronle sobre la mano la candela del bien morir y a la cabecera el hábito con que la habían de amortajar y esperaban que a cada instante, rindiese el alma"*. Don Juan, que nunca había sido muy devoto de Santa Teresa, reaccionó entonces como el padre de la santa en ocasión semejante *"como impelido por una fuerza interior (...) dijo a gritos: 'ioh gloriosa Santa Teresa, doleos de mi desconsuelo y dadme esta hija para monja vuestra, que yo os haré un monasterio a mis expensas!'."* Un instante después la enferma *"comenzó a hablar, risueño el rostro (...) y a decir que había de ser monja de Santa Teresa"*. No terminan, sin embargo, aquí los prodigios. Como versifica don Luis en versos dudosos: *"Porque viendo el padre apenas / la hija resucitada / de tan costosa promesa / en la ejecución desmaya. / Mi casa, dice entre sí / mi hacienda, bien puedo darla / mas mi hija es imposible / porque pretendo casarla"*. Ya fuera por sugestión o por recaída, el hecho es que Magdalena volvió a enfermarse y el mal la atacó con más gravedad, al punto de que *"apretó la calentura (...) vidriáronsele los ojos, levantósele el pecho, faltó el habla y entró a bregar con la agonía (...)"*. Lleno de remordimientos pero a la vez de fe, Juan de Tejeda exclamó: *"¡Haya expirado, enhorabuena, que amortajada y de la sepultura me la ha de sacar Santa Teresa! ¡que yo he de edificar su monasterio y ha de ser infaliblemente monja suya!"*. El caso es que Magdalena Tejeda, la "dos veces resucitada", vistió desde entonces el hábito carmelita y años después fue la fundadora más joven que haya tenido un convento.

Antes de que este momento llegara la familia Tejeda hubo de pasar por una historia complicada de amor, violencia y sexo cuyos protagonistas fueron las hermanas Bernal de Mercado, criollas de humilde condición y los tres hermanos Tejeda: Gabriel, de veinte años, Gregorio de dieciocho y el propio Luis, de veintidós. Dejaremos, sin embargo, para otra oportunidad la historia de estos Romeo y Julieta cordobeses, para ocuparnos del convento que pasó a presidir su tía, doña Leonor de Tejeda, llamada ahora madre Catalina de Siena. ¡Cuántas veces habrá acudido su hermano Juan al convento a consultarla o simplemente a desahogarse con ella de las amarguras que le deparaban sus hijos varones! Como en la anterior fundación ya estaban preparadas las jóvenes que iban a entrar al convento junto con Magdalena, entre ellas su hermana mayor, Alejandra, que por propia voluntad quiso hacerlo. Figuraban también dos sobrinas de don Juan, nietas de Alonso de la Cámara y la mestiza Ana Mexía y dos Suárez de Cabrera, bisnietas del fundador de Córdoba. Ya se había decidido que la madre Catalina, ducha en esas lides, sería provisoriamente la priora del nuevo convento y se estaban haciendo los arreglos necesarios para transformar la casa. Faltaba que llegara el obispo cuando don Juan se enfermó y los médicos decidieron que no era conveniente trasladarlo, por lo que se siguieron haciendo los arreglos. En esto llegó el obispo. Era necesario acabar la obra a toda costa. *"En dos aposentos antiguos* —cuenta Luis de Tejeda— *pequeños y mal aliñados, estrechó a toda su familia, y en uno de ellos le pusieron la cama, aforrándole el techo con unas jergas por ser invierno y estar a teja vana."* Como empeorase de su enfermedad pidió a la santa un último favor: *"la salud necesaria por tres meses para que nuestro monasterio quede acabado y yo lo pueda ver y gozar algunos días".*

El seis de mayo de 1628 el obispo vio las obras y examinó a las doncellas que iban a profesar. No habiendo objeciones, decidieron inaugurar el convento al día siguiente, domingo siete de mayo. Por la mañana temprano el obispo se dirigió a la portería de Santa Catalina donde ya estaban esperando la madre Catalina y otras dos compañeras que iban a ayudarla en su tarea de gobernar y organizar el nuevo monasterio. Se despidió de sus hijas, a quienes no volvería a ver hasta casi diez años después, cuando regresara para morir, a pesar de estar a dos o tres cuadras de distancia, y todos se dirigieron a la iglesia. Desde allí salió la procesión *"de grande y lustroso número de gente que de la ciudad y sus contornos había concurrido (...) llevando la imagen de Santa Catalina en unas ricas andas"*. Estaban allí todos los religiosos: franciscanos, dominicos, mercedarios y jesuitas, los regidores y justicias del Cabildo y todo el pueblo. En la capilla del nuevo convento los estaba esperando la imagen de Santa Teresa que mandara a traer de España don Pablo de Guzmán, quien había donado también todos sus bienes al monasterio donde profesarían sus nietas y, una vez viudas, también su hija y su propia mujer.

Desde su cama de enfermo don Juan veía toda la ceremonia a través de un ventanuco abierto en la pared que daba a la iglesia. Aun podemos verlo si visitamos la joya colonial de Córdoba que es el convento de las Teresas.

Córdoba, ciudad de campanarios y guitarras, de sierras azules con olor a yuyos, de noches diáfanas y cielos estrellados. Allí nació y vivió esta mujer inteligente y sensible que tanto influyó, con su vida y la de sus hijas —Teresas y Catalinas— en la vida espiritual y cultural de la ciudad. Ella educó niñas y jóvenes que a su vez educarían otros niños y otros jóvenes, propios o ajenos, en la familia o en el claustro, formando a través del tiempo una cadena de madres a hijas cuyo propósito fue, aun en medio de errores y fallas, aciertos y desaciertos, dedicar su vida *"a mayor gloria de Dios"*.

Bibliografía

FUENTES PRIMARIAS Y SECUNDARIAS

Catálogo de Protocolos Notariales de la ciudad de Córdoba, años 1573-1656 (facilitados por María Inés Rodríguez Aguilar).
Actas del Cabildo de Jujuy, libros I y II, Archivo de la ciudad de Jujuy.
Testamentos de los fundadores de Córdoba (facilitados por Alejandro Moyano Aliaga).
Testamento de la india María Mexía (Archivo Histórico de la ciudad de Córdoba).
"Testamento de Leonor de Tejeda" en *Papeles eclesiásticos del Tucumán*, recopilados por Roberto Levillier, Colección de Publicaciones Históricas de la Biblioteca del Congreso Argentino.
Testamento de Ana María Guzmán de Tejeda, en notas de Jorge Furst al *Libro de varios tratados y noticias* de Luis de Tejeda, Córdoba, 1970.
Testamento de Jerónima Contreras, reproducido por Raúl A. Molina en *Hernandarias, el hijo de la tierra*, edición del autor, Buenos Aires, 1948.
"Probanza de méritos de Bernardina Mexía Miraval", reproducida por Jorge Zenarruza en *General Juan Ramírez de Velazco*, Publicaciones del Instituto de Estudios Iberoamericanos, Buenos Aires, 1984.
Declaración de Juan Drake sobre su viaje al Estrecho de Magallanes, hecha en Santa Fe el 24 de marzo de 1584, en Colección García Viñas, Vol. CXXXIX, citado por Jorge Zenarruza en *ibid.*
' Carta de Isabel de Guevara", reproducida en *Las mujeres y sus luchas*, dirección Félix Luna, Buenos Aires, 1988.
Probanzas de méritos y servicios de los conquistadores del Tucumán. (Documentos del Archivo de Indias.) Publicación dirigida y

prologada por Roberto Levillier, Colección de Publicaciones Históricas de la Biblioteca del Congreso Argentino, Madrid, 1918.

Correspondencia de los Cabildos en los siglos XVI y XVII. Gobernación del Tucumán, recopilados por Roberto Levillier, etcétera.

Papeles Eclesiásticos del Tucumán, Tomos I y II, *ibid.*

"Cartas Anuas de la Provincia del Paraguay, Chile y Tucumán, de la Compañía de Jesús (1609-1639)", en *Documentos para la Historia Argentina*, Tomos XIX y XX, Facultad de Filosofía y Letras, Buenos Aires, 1927.

Documentos relativos a San Miguel de Tucumán, siglo XVII, vol. III y IV, prólogos y comentarios de Lizondo Borda, Publicaciones de la Junta Conservadora del Archivo Histórico de Tucumán, 1941.

Libro de varios tratados y noticias (Prosa y verso de Luis de Tejeda con comentario y notas de Jorge Furst), Córdoba, 1970.

Cartas de cronistas de Indias, sacerdotes y viajeros, recopilación y notas de Raúl Mandrini, Eudeba, Buenos Aires, 1980.

Bernardino de Sahagún: *Historia de las cosas de Nueva España*.

Inca Garcilaso: *Historia general del Perú*, Biblioteca de Autores Españoles, Rivadeneira, Madrid.

Juan de Castellanos: *Elegía de varones ilustres de Indias*, en *ibid.*

Alonso de Ovalle: *Relación histórica del reino de Chile*.

☆ ☆ ☆

Arciniega, Rosa: *Sarmiento de Gamboa, el Ulises de América*, Buenos Aires, 1956.

Assadourian, Carlos Sempat: *El sistema de la economía colonial*, México, 1983.

Borges, Analola: "La mujer pobladora en los orígenes americanos", en *Anuario de estudios americanos*, Vol. 29, Sevilla 1972.

Bruno, Cayetano: *Historia de la Iglesia en la Argentina*, Tomos I y II, Buenos Aires, 1967-81.

Bishof, Efraím: *Historia de Córdoba*, Plus Ultra, Buenos Aires, 1979.

Calvo, Luis María: *Santa Fe la Vieja, 1573-1660*, Santa Fe, 1990.

Cano Roldán, Imelda: *La mujer en el reino de Chile*, Santiago de Chile, 1980.

Céspedes del Castillo, Guillermo: *Las Indias en el siglo XVII. (Historia social y económica de España y América)*, Vol. III, dirigida por Vicens Vives, Barcelona, 1981.

Cruz, Josefina: *Doña Mencia la Adelantada*, Buenos Aires, 1960.

Cordero, Héctor Adolfo: *Cómo era Buenos Aires*, Buenos Aires, 1980.

De Gandía, Enrique: *Historia del Magnífico Adelantado don Pedro de Mendoza.*

Freire, Jaime: *El Tucumán en el siglo XVI*, Buenos Aires, 1914.

Furlong, Guillermo: *Historia Cultural y Social del Río de la Plata*, tomo I, Buenos Aires, 1969.

Fitte, Ernesto: *Hambre y desnudeces en la conquista del Río de la Plata*, Buenos Aires, 1980.

Groussac, Paul: *Mendoza y Garay*, Tomos I y II, Buenos Aires, 1944.

Hanke, Lewis: *La lucha española por la justicia en la conquista de América*, Madrid, Aguilar, 1959.

Herrero García, M.: *Ideas de los españoles del siglo XVII*, Madrid, 1928.

Konetzke, Richard: "América Latina - La época Colonial", Vol. 22 de la *Historia universal*, Siglo XXI.

Lafuente Machain, R.: *Buenos Aires en el siglo XVII*, Emecé, 1947.

Lazcano Colodrero, Arturo: *Linajes de la Gobernación del Tucumán*, Tomos I y II, Córdoba, 1936.

Lockart, James: *El mundo hispano-peruano 1532-1560*, México, F.C.E., 1968.

Levillier, Roberto: *Nueva crónica de la conquista del Tucumán*, Tomos I, II y III, Lima 1926, Varsovia 1930 y 1932.

Luque Colombres, Carlos: *Orígenes históricos de la propiedad urbana de Córdoba*, Córdoba, 1980.

—*Para la Historia de Córdoba*, Tomo II, Córdoba, 1986.

Maravall, José Antonio: *La cultura del Barroco. Análisis de una estructura histórica*, Barcelona, 1981.

—*Poder, honor y elites en el siglo XVII*, Madrid, 1979.

Molina, Raúl: *Hernandarias, el hijo de la tierra*, Buenos Aires, 1948.

Moyano Aliaga, Alejandro: *Hijos y nietos de los fundadores de Córdoba*, Córdoba, 1971.

Otte, Enrique: *Cartas privadas de emigrantes a Indias (1540-1616)*, Sevilla, 1988.

Paz, Octavio: *Las trampas de la fe*, México, F.C.E., 1982.

Picón Salas, Mariano: *De la Conquista a la Independencia*, México, 1965.

Piossek Prebisch, Teresa: *La ciudad en Ibatín. La primera San Miguel de Tucumán, 1565-1685*, Tucumán, 1985.

Religiosas del Monasterio de Santa Catalina: *Monasterio de Santa Catalina de Sena, 1613-1913*, Tomo I, 1613-1700, Córdoba, 1913.

Rex González, Alberto: "Argentina Indígena - Vísperas de la Conquista" en *Historia Argentina* dirigida por Halperín Donghi, Tomo I, Paidós, 1985.

Rípodas Ardanaz, Daisy: *El matrimonio en Indias*, Buenos Aires, 1977.

Romero, José Luis: *Las ciudades y las ideas*, Buenos Aires, 1986.

Rubert de Ventós, Xavier: *El laberinto de la hispanidad*, Planeta, Barcelona, 1987.

Salas, Alberto M.: *Crónica florida del mestizaje, hombres y cosas de estas Indias*, Buenos Aires, Losada, 1960.

—*Las armas de la conquista de América*, Plus Ultra, Buenos Aires, 1988.

Salas A., y Guerín, M.: *Floresta de Indias*, Losada, Buenos Aires, 1970.

Sarmiento, Domingo F.: *Recuerdos de provincia*.

Sierra, Vicente: *Historia de la Argentina*, Vols. I y II, Buenos Aires, 1956.

Tiscornia, Ruth: *Hernandarias estadista*, Buenos Aires, Eudeba, 1973.

Zapata Gollán, Agustín: *La hija de Garay*, Santa Fe, 1973.

Zenarruza, Jorge: *General Juan Ramírez de Velazco*, Buenos Aires, 1984.

Más detalles sobre notas y fuentes pueden encontrarse en mi tesis sobre: "Formación de una sociedad de tipo estamentario en el Tucumán, siglos XVI y XVII", Departamento de Historia de la Facultad de Filosofía y Letras de la U.B.A.

Esta edición se terminó de imprimir en Gráfica Jan S.R.L., Itaquí 2329,
Buenos Aires, en el mes de abril de 1992.